はじめに——神田昌典

渡部先生との出会いは、これまで3回あります。

渡部先生とは、大ベストセラー『知的生活の方法』（講談社）の著者であり、上智大学名誉教授の渡部昇一先生のことです。この本を、私が手に取ったのは高校2年のときでしたが、書斎で書籍に囲まれてすごす先生の知的生活スタイルに憧れ、本嫌いだった私は、突然、部屋を本であふれさせ始めることになったのです。

次の出会いは、私がリストラされた28歳のとき。失意のどん底を這いずりながら、私の人生を変えることになった1冊の本を手に取りました。ジョセフ・マーフィー著、大島淳一訳『マーフィー眠りながら成功する（上・下）』（三笠書房→P75）です。それから15年以上が経ち、その本の翻訳者の大島淳一さんが、渡部先生のペンネームであったことを知りました。

そして3度目——先日初めて、渡部先生ご本人にお会いしたのです。それは尊敬する師との出会いであり、また異なる分野の異なる経験を持つ者同士の対談という知識交流の場にもなりました。

本との出合いは不思議です。それは単なる印刷物を手に取ることとは、まったく違います。勝間和代さんという21世紀の「知的生活」を体現されたすばらしい著者との出会いも、本がきっかけでした。何年もの年月がかかるかもしれませんが、見えない糸にたぐり寄せられるように、愛読書の著者と出会えることが起こるのです。本書は、「10年後にも本棚に残ること」がコンセプトになっていますが、それは本棚に並ぶ本のリストではなく、あなたが未来に出会えることになる人のリストかもしれません。

本の選択は、知識との出合いではなく、人との出会いである——そのことを踏まえて、私としてはあなたの学びになるだけではなく、友人になれる本を選びました。MBAで使われる教科書のような本ではなく、むしろそこから抜け落ちてしまう、生きるための知恵をくれる本で

す。頭でっかちにならずに、道なき道をグングン進められる力をくれるような本をリストにしました。勝間さんが選択された、混乱する情報を見事に整理し、目の前がパッと開けるような本のリストと組み合わせることで、あなたの仕事上での実力と評価を上げる、力強い味方になってくれると思います。

ただ重要なのは、本のセレクションは、あなたの個性であるということです。本棚は、頭の中、そして心の中を映し出します。ですから、1番やってはいけないことは、本書に掲載された本を順番に1冊ずつ読破しようとすることです。自分の頭で考えることなく同じ本を読破したならば、勝間さんや私と同じような人ができてしまいます。そうしたら将来、あなたとお会いするときが訪れたとき、私たちの出会いを活かしながら世の中のために提供できるものがなくなってしまいます。

むしろ、あなたの身体が衝動を感じる本を買ってください。

頭ではなく、身体で感じること。それが良書を選ぶためのコツ。

自然に身体感覚を信じられるようになると、ビビビビと必要な本がわかるようになります。本屋さんに行くと、あなたが必要とする本から、あなたを呼び止めてくれるようになります。本書のリストに、あなたの才能と個性が解放され始めるでしょう。本書をきっかけに、あなたが行動するうえで悩み、ぶつかるたびに手にした自分自身の本を加えてください。そうしてできた10年後の本棚は、まさに未来のあなたを映し出します。

本を手に取るということは、未来のあなた自身に出会っているのです。

本書を通じて、あなたと出会えましたことを、心より感謝いたします。

2008年10月

神田　昌典

目次

『10年後あなたの本棚に残るビジネス書100』

写真：勝間和代氏の本棚

009 巻頭対談 神田昌典・勝間和代
いかにして、10年後あなたの本棚に残る本を選んだのか？

021 巻頭インタビュー 神田昌典
ビジネス書を読む意義と"スピード情報編集法"としてのフォトリーディングの実践

027 巻頭インタビュー 勝間和代
1か月に100冊読む勝間式読書投資法

033 神田昌典が初公開！
この本だけは絶対読もう！ 究極の10冊

045 勝間和代が厳選！
この本だけは絶対読もう！ 至高の10冊

057 神田昌典が語る「10年後あなたの本棚に残る40冊」はこれだ！

大ヒットを飛ばしたいときに読む9冊／経営マネジメントに強くなる8冊／未来を見通す力をつける6冊／1％の本質を見抜く力をつける7冊／壁にぶつかったときに読む10冊

081 勝間和代が語る「10年後あなたの本棚に残る40冊」はこれだ！

壁を乗り越えたいときに読む8冊／あなたの潜在能力を開花させる6冊／大ヒットを飛ばしたいときに読む5冊／経営戦略のプロフェッショナルになる8冊／未来を見通す力をつける4冊／人間・歴史を知る9冊

105 巻末付録① 全国カリスマ書店員9名が語る！ 私の思い入れのある1冊

111 巻末付録② 神田昌典・勝間和代が明かす「年齢別」読書年表

117 巻末付録③ 神田昌典・勝間和代の厳選オーディオブック37＋DVD3選

本棚の蔵書一覧（視認できる範囲）

最上段左側
- SUCCESS MASTERY with NLP — FROM NLP COMPREHENSIVE
- THE 22 IMMUTABLE LAWS OF MARKETING
- Management Challenges for the 21st Century / P.F. Drucker
- Best Foot Forward
- （CDケース多数）

最上段右側
- ON THE STREET / ARTHUR LEVITT
- THE BOOK OF INVESTING WISDOM
- THE SUCCESSFUL INVESTOR / WILLIAM J. O'NEIL
- Yes! / Spencer Johnson, M.D.
- ROSABETH MOSS KANTER
- Benjamin Graham
- REMY I. SIEGEL — for the LONG RUN

2段目左側
- よくわかるデータマイニング／石井一夫
- 統計的方法のしくみ／永田靖
- 入門統計学
- 時系列解析入門
- はじめてのS-PLUS/R言語プログラミング／北川源四郎
- 統計学を拓いた異才たち
- 確率的発想法
- BARRON'S Dictionary of Accounting Terms / Joel G. Siegel, Jae K. Shim
- 英文会計用語辞典

2段目右側
- ミクロ経済学 第2版 Microeconomics／伊藤元重
- 市場のアノマリーと行動ファイナンス／城下賢吾
- 最新 行動ファイナンス入門
- 行動ファイナンス／角田康夫
- 証券市場と行動ファイナンス／俊野雅司
- 株式投資の新しい考え方
- 実験経済学 Experimental Economics
- 投資の行動心理学／リチャード・H・セイラー
- 市場と感情の経済学

3段目左側
- 人生に奇跡を起こすノート術
- 超高速勉強法
- USE BOTH SIDES OF YOUR BRAIN / Tony Buzan
- これから論文を書く若者のための研究の進め方
- ロードバイクが一からわかる本
- 心理バランス
- そろそろ本気で継続力をモノにする！
- 忘れてしまった高校の確率統計を復習する本
- BARRON'S Dictionary of Accounting Terms
- 金鉱を掘り当てる統計学／小島寛之

3段目右側
- ライフサイクルイノベーション
- IRRATIONAL EXUBERANCE / ROBERT J. SHILLER
- 根拠なき熱狂
- 投機バブル チューリップ恐慌からインターネット投機へ
- バブルの歴史／エドワード・チャンセラー
- 図解でわかる ランダムウォーク&行動ファイナンス理論のすべて／田渕直也
- ストックマーケットテクニック スタディガイド
- 景気予測から始める株式投資入門
- 先物市場のテクニカル分析 決定版／矢口新
- 生き残りのディーリング
- 敗者のゲーム

最下段左側
- あなたのチームは
- エモーショナル・バリュー
- 日本の人口は減らない
- 心脳マーケティング
- マーケティング・インタフェイス
- マーケティング・ゲーム
- BEST
- マーケティング
- 団塊ジュニア1400万人がコア市場になる！
- マネするマーケティングは嘘を語れ！
- ホイラーの法則
- マーケティングの神話
- マーケティング22の法則／アル・ライズ、ジャック・トラウト

最下段右側
- 日本の統計 2004
- 世界の統計 2004
- NRI 続・変わりゆく日本人
- 使える弁証法
- なぜ投資のプロはサルに負けるのか？
- 東大医師が教える科学的株投資術
- NEUROSIM ニューラルネットワーク入門
- 金融論の楽々問題演習
- 平成19年度 証券アナリスト 2次対策
- 売られ続ける日本、買い漁られる日本
- 401kプラン コーポレート・ファイナンス

巻頭対談 神田昌典・勝間和代

「いかにして、10年後あなたの本棚に残る本を選んだのか?」

10年後にも本棚に残る本って何だ?

勝間式「フレームワーク読書術」とは?

10年後にも十分通用するかどうか。著者が言っていることを自分で応用して、普遍化できるようなフレームワークをどんどん残すのが、読書の醍醐味だと思うんです。

神田 「フレームワーク」というのは、いま勝間さんが世の中に広めている言葉ですが、日本人はとても弱い部分ですね。読者のためにわかりやすく説明してもらえますか。

勝間 現実を判断したり観察するときに必要となる、それがあると楽になる枠組みのことです。たとえばリンゴを説明するときに、「赤くて、酸っぱい匂いがする甘い果物」と説明するとわかりやすいでしょう。この選書の核になっている哲学があるとすれば、どんなものですか?

勝間 「10年後の本棚に残したい本」として、古びないということをすごく考えました。著者の言っているフレームワークがどのぐらい普遍的なもので、いまの私たちにも、そしてレームワークが

体験とか特殊な業界の事例を説明する内容で、全体の一部のところを説明しているだけにすぎない。それに対して、たとえば『イノベーションのジレンマ』は、長期間にわたる様々な調査を行い、全体像を見据えたうえで枠組みを提示している。だからこの本を読むと、自分の業界はこの部分のここに当てはまるとか、いまイノベーションの発展状況から考えると、このケースは当てはまらないといった判断ができる。

神田 おっしゃるとおりです。現実

神田 実は50冊を選んだのが勝間さんのセレクトを見た後だったので、とても苦労したんです。共通するものが多くて。『イノベーションのジレンマ』(→P54)とか、『ビジョナリーカンパニー2』(→P50)、『ネクスト・ソサエティ』(→P94)、『キャズム』(→P92)……まさにみなさんに読んでほしい本ですね。『頭脳の果て』(→P88)も非常に影響を受けている本です。

を判断したり、観察したりするときに使う、優れた枠組み。それがフレームワークなのです。その物差しがあると、すごく周りが見えやすくなる。たとえば言えばメガネのようなもので、目が悪い人でも、そのメガネがあればピタッと焦点が合う。

神田 『7つの習慣』(→P48)もそうですね。様々な成功した人の習慣を分析してみると、この7つになるということで、きれいな図式になっています。どういう順番で習慣をマスターしていけばいいのか、習慣を

10年後にも十分通用するかどうか、古びないフレームワークがどのぐらいあるかを考えました。多くの経営書は、実は個人の

『ネクスト・ソサエティ』

『増補改訂版 イノベーションのジレンマ』

『キャズム』

『ビジョナリーカンパニー2』

「教えて君」を脱出する方法

勝間 たとえば、私は神田さんの『非常識な成功法則』（→P82）が好きなのですが、あの8つの成功法則を鵜呑みにして全部マネするのではなくて、どういうプロセスでそこまでたどり着いて、それに対して自分はどのようにやり直せばいのかを考えるのが1番大事だと思います。そのことを説明するために、『勝間和代のビジネス頭を創る7つのフレームワーク力』（ディスカヴァー・トゥエンティワン）を書いたんですよ。

神田 なるほど。著者が築いてきたアウトプットだけでなく、プロセス自体を読者が再体験できる。そういう本を読むことで、応用力というか、成功するストーリーがどのくらいリッチで、私たちの心に残り、自分で考える力がつくような気がします。

でも、最近、僕が気になるのは、本の情報をそのまま受け取ってしまう人が多いことなのです。

勝間 私が「教えて君」と呼んでいる人たちですね。

神田 「教えて君」？

勝間 ええ。考え方のプロセスではなくて、答え、結果だけをほしがる。でも本人の置かれた環境も世の中の環境も違うので、著者が言っている答えが本を読んでいる人の答えとは限りません。

神田 著者のフレームワークを理解して、それが自分に当てはまるかどうか、あるいはその環境の中で、自分だったらどうするかを考えることが大切ですね。

マスターすることでどんな効果が自分で得られるのかが、ビジュアルで非常にわかりやすく説明されています。

勝間 きれいなフレームワークですよね。ただ、フレームワークがあるだけでは私たちにはなかなか実感できない面もあります。ストーリーやかなりの数のケースで実証してくれないとわかりません。たとえば『フィンチの嘴』（→P100）は、フレームワークそのものは5行くらいで終わってしまうのですが、それを文庫版で450ページ以上もかけて、自然環境や配偶者の選択、エサの種類などについて繰り返しストーリーで語ってくれる。それで初めて腑に落ちるんです。

単にフレームワークをまとめるだけでなく、そのフレームワークを構成するストーリーがどのくらいリッチで、私たちの心に残り、自分で考える力がつくような気がします。

「疑似体験」と私は呼ぶのですが、著者が体験してきたこと、考えてきたこと、研究してきたことが、どれくらいビビッドにわかるかが大事です。

10年後にも十分通用する、普遍化できるフレームワークのある本を選びました（勝間）

著者が築いてきたプロセスを追体験できる本が、応用力、自分で考える力をつけてくれる（神田）

『頭脳の果て』

『フィンチの嘴』

『非常識な成功法則』

『7つの習慣』

神田式・勝間式読書法

翻訳書が面白い理由

勝間 逆に、神田さんがお選びになった50冊の中にも、私の好きな本がたくさん入っていました。『Sカーブ』が不確実性を克服する』（→P68）はすごくマニアックでマイナーな本ですが、私も大好きです。『エンデの遺言』（→P74）や『モモ』（→P74）も。『全部無料で宣伝してもらう、対マスコミPR術』（→P61）も入れてくださったのですね。

神田 20代には20代なりの本の読み方、情報の吸収の仕方があるので、20代の人たちが読めないような難しい本はやめておこうと思って。10年残るかどうかは微妙でも、きっと役に立つだろうという本もあえて入れています。ただ、先ほどの勝間さんのお話のように、答えだけを受け取ってしまうと使えないんですよ。

たとえば、フランク・ベドガーの『私はどうして販売外交に成功したか』（→P59）は、もう40年以上前の本。そのままの答えを受け取って使うなら、最新の雑誌記事を読むほうがいい。

勝間 おっしゃるとおりです。

神田 ところがベドガーの本は、読んでいると体で感じるというか、ベドガーの心構えが体内に入ってくる。ベドガーが心構えをわかりやすく説明してくれているわけでもないんです。でも、物語を通じて、ベドガー自身が苦労して販売できるようになった経験を読者が追体験し、再現できる。だからこそ、力が"宿る"んです。その力というのは、「営業・販売って楽しいんだ」「自分もベドガーのように売れるようになり

たい」という実感なんですね。

勝間 後はベドガーのように考えられるようになりたいとか、行動できるようになりたいとか。

神田 そういうところが10年、20年残っていく秘訣なのかな。もう1冊、ジョン・ケープルズの『ザ・コピーライティング』（→P58）は76年読み継がれてきた本ですが、載ってい

る具体的なキャッチコピーがいまもそのまますべて役立つわけではありません。むしろ彼の実績が、科学的に言葉の持つ影響をつぶさに実験し続けた成果であることや、彼の思考プロセスを感じられるかどうかがすごく大きい。それを勝間さんの言葉で言うと「フレームワーク」なのかもしれません。

『全部無料で宣伝してもらう、対マスコミPR術』

『ザ・コピーライティング』

『Sカーブ』が不確実性を克服する』

『私はどうして販売外交に成功したか』

『モモ』

『エンデの遺言』

勝間　そういう意味では、翻訳書を嫌う人が多いのは、フレームワークまで立ち戻るのが面倒くさいからだという気もしますね。翻訳書は答えをあまり教えてくれないし、英語をもう1回日本語に戻しているのでどうしても漠然とした話が多くなってしまう。

神田　僕はかえってそこが面白いんだけど（笑）。

勝間　あと、翻訳書が楽なのは、和書に比べて1回スクリーニングが多いんです。翻訳書は1回マーケットで立ち上がったものしか版権が来ないので。

神田　優れた良質なものだけが入ってくる。

勝間　そうなんです。しかも、各出版社が翻訳コストをかけても大丈夫だと判断したものが多い。

神田　でも、僕が持ってきた本って、結構向こうでは自費出版だったものが多いんですよ。

勝間　そうなんですか。さすが！

神田　フォトリーディングの本『あなたもいままでの10倍速く本が読める』（→P86）も、『3つの原理』

（→P71）も自費出版。結構マニアックな本を持ってくるのが好きなので。もちろん『バブル再来』（→P71）のような実績のある本もありますけど。

勝間　『バブル再来』は原書を読んですごく好きだったんです。日本で出たときは「神田さんが訳したんだ」ってビックリしました。

神田　僕も大好きで、すごく影響を受けた本です。ただ、経営予測としては、ちょっと見方が単純すぎると批判されてしまう可能性もあるけど。

勝間　でも、1つの考え方として学べばいいわけですよね。

神田　本当にそう。僕は声を大にして言いたいんだけど、『バブル再来』は原書の発行が2004年で、人口動態の分析から2008年までには今世紀最大のバブルがアメリカに来ると予測し、NASDAQは4万ドルまで上がると具体的な数値まで挙げた。で、批判する人が何を言うかというと、「4万ドルまで上がっていない。こんなのウソっぱちだ」と。ちょっと数字が違っただけで、自分

の思考プロセス自体も捨て去ってしまっているんです。日本には当てはまらないとか。

勝間　そう。最後の答えだけ読んでしまうと「当たってないじゃないか」となる。でも、『バブル再来』を読んでいると、サブプライム問題がすごくよくわかるんです。だって、まさしく第2次ベビーブーマーたちがムリやり住宅を買ってバブルになったわけですから。

神田　そうなんですよ。

勝間　実際、2003～2008年まで全世界ですごい勢いで株価が上

がりましたから。長期的なトレンドはすごく当たっているだけで、大して違ってはいないんですね。

神田　長期的なトレンドはすごく当たっていますよね。

実は僕が影響を受けている本は結構洋書が多いんです。『Generations』（→P72）という本はピューリタンがアメリカに入ってきた16～17世紀を分析して、その底流に流れる法則を明らかにしている。ジャレド・ダイアモンドの『文明崩壊』（草思社）などは、1万年の文明を

『あなたもいままでの10倍速く本が読める』

『3つの原理』

『バブル再来』

『Generations』

013　[巻頭対談] 神田昌典・勝間和代「いかにして、10年後あなたの本棚に残る本を選んだのか？」

『勝者の代償』

人類全員に当てはまる。逆に取っている人は、すごくかわいそうだなという気がする。

逆に、答えだけを直球で投げかける本は、わかりやすいがゆえに、「そのままやればいいのか」と、想像力が入り込む余地がなくなってしまうのではないかと思うんです。

勝間 そうなんですよね。答えだけを探している人は、自己啓発の本にしろ、セールスの本にしろ、「ああ、違う」と言って他に移ってしまう。ダイエット本のマニアと一緒です。どんなダイエット本でも、とりあえずやってみればいいのに、やりもせずに文句をつけて、次に行ってしまう。

神田 自分の頭で考えないで、人の情報に依存してしまう。ブックランキング頼りで本を買うような人たちと同じですね。

勝間 でも、少なくともここにある神田さんの50冊、私の50冊をひと通り読んでもらえれば、かなりパフォーマンスは変わると思います。

神田 勝間さんの選書は基礎体力をつけるようなものが多いですね。僕

のほうはビジネスを自ら発展成長させるためにダイレクトにつながっている本を集めているので、どちらかと言うと勝間さん本を先に読み、その後で僕の本を読んでもらうほうがいいかもしれません。

最初に勝間本、次に神田本

勝間 実際そうですよね。私はロバート・ライシュの本がすごく好きなんですが、彼の本を日本で訳しても全然ウケないんです。

『勝者の代償』（→P99）はアメリカの事例がすごく多いので、日本人にはピンと来ないようです。私は「半径1.5メートル以内の興味」と言っているのですが、すぐに自分には関係ないと思ってしまう。でも、あの本に書かれているのは日本のこの20〜30年の姿で、実はすごく大事な話。どれだけ想像力を手前に持ってこられるかだと思うんです。

神田 先の『ザ・コピーライティング』もそうで、クライアントと一緒にチラシや新聞広告の見出しを作ってみたり、セールス時に実践したりすることで、ようやく自分のものに

扱っている。でも、日本にはなかなかそういう本がありません。

勝間 ジャレド・ダイアモンドは2年に1冊くらいしか書かないでしょう？ それでも1冊100万部売れるから十分やっていける。

神田 日本とは市場環境が違いますからね。

勝間 日本の本も、どんどん翻訳されれば100万部も狙えるのですが、まだまだアメリカ人から見ると日本の本はマニアック。『トヨタ生産方式』（ダイヤモンド社）のように、どうしても日本人に聞かなければいけない本は読まますが、それ以外は初めから英語で出された本でないと読まれにくいんです。

神田 日本の一部にしか当てはまらないと思われているからでしょうね。『文明崩壊』は文明1万年だから、

勝間 『Generations』が日本で翻訳されないのは、多分アメリカの歴史にしか当てはまらないと思われているからですよ。

**勝間さんの選書は
基礎体力をつける。
僕は実践で必要となる
本を選んだ（神田）**

**「半径1.5メートル
以内の興味」で
自分には関係ないと
思わないでほしい（勝間）**

神田昌典・勝間和代
——フレームワーク思考の原点を探る

神田昌典・ビジネス発想の原点は料理本?

神田 ところで、勝間さんのフレームワーク力の原点はどこにあるんでしょう。最初に本に興味を持ち始めたのはいつ頃ですか?

勝間 幼稚園ぐらいですかね。物心ついた頃には親が読み聞かせする本を、自分で読んでいた記憶があります。

神田 幼稚園! 1番初めに記憶にある本ってどんな本ですか。

勝間 普通の絵本とか、『いやいやえん』(福音館書店)とか、『ママお話きかせて』(小学館)シリーズもすごく好きで、ママじゃなくて、自分で読んでいたんですけど。

神田 読み聞かせの本を自分で読んでいる……すごいなぁ。

勝間 神田さんは、子どもの頃、どんな本を読まれていました?

神田 1番初めに読んだ本ではないけど、「仮面ライダー」のようなものは別として、最初に自分でお金を出して買ったのは料理本なんですよ。

『いやいやえん』

『ママお話きかせて』

勝間 面白いですね。

神田 小学2年くらいのときかな。当時、学研の料理の本というのがあって、普通は女の子しか買わないんだけど、勇気を出して買ってみたんです。それで料理にはまって、シュークリームを自分で作ってみたり。

勝間 シュークリームを作るのは難しいですよ。シューがきれいにあがらなくて。

神田 そう。でもそれがうまくできるようになって、エクレアとかカスタードプリンとか、アップルパイも作りました。

勝間 アップルパイも難しい(笑)。でも、どうして料理の本を?

神田 父親が商売をやっていて、母親もそれを手伝っていたので、どうしても1人遊びが得意になってしまって。プラモデルとかが大好きで、おやつも自分で作っていました。だから僕はいまもって、ビジネスの発想が料理のレシピなんです。どんな材料を何グラム入れて、何分かければ形になるとか。『60分間・企業ダントツ化プロジェクト』(ダイヤモンド社)なんて、まさに「60分間クッキング」(笑)。

勝間 会社経営をしたり、クライアントへのアドバイスをするときにも、モジュールの組合せをたくさん使っていますが、これもプラモデルを組み立てているのと同じ。要は初めて読んだ本の影響がすごく大きかったなと思うんです。勝間さんはそういう経験、ないですか?

勝間式「フレームワーク」の原点は『なぜだろうなぜかしら』

勝間 私は『なぜだろうなぜかしら』シリーズ(実業之日本社)とか、学研の『○○のひみつ』という学習もののマンガのシリーズが好きでした。『宇宙のひみつ』とか、『からだのひみつ』とか。その頃から、自分の知識を刺激してくれるような、ひみつ系の本が好きだったんでしょうね。

神田 ひみつ系の本……?

勝間 博士みたいな人が登場してきて、小さな宇宙船に乗って、体の中をずっと探検するとか。非常にやさしくエッセンスを抽出して、新しい

015　[巻頭対談] 神田昌典・勝間和代「いかにして、10年後あなたの本棚に残る本を選んだのか?」

神田　確かに、いまの勝間さんの本のコンセプトに共通するところがありますね。『勝間式「利益の方程式」』（東洋経済新報社）でも、「利益って何だろう？」という関心から1つひとつ解き明かしていく。

勝間　似てますよね、基本的に。やっぱり原点は『なぜだろうなぜかしら』シリーズとか、百科事典なんですよ。暇があると、親の書斎にあった百科事典をパラパラめくって読んでいましたから。

世界観を見せてくれる。それこそフレームですね。

『なぜだろうなぜかしら』
『宇宙のひみつ』
『からだのひみつ』

フレームワークを学べば、応用問題が来ても大丈夫

神田　勉強法も当時から他の人とは違っていたんですか？

勝間　そうですね。あまり細かいことを教える親ではなかったので、受験勉強のプロセスも全部自分で考えていました。

他のみんなは最初から手取り足取りやってくれる塾に行ってしまう。解き方も答えもパターン認識して、テストで再現する。でもそうすると、少しでも応用問題になったり、パターンをずらされたりした瞬間について行けなくなる。公認会計士試験のときにも、周囲を見ていて同じことを感じました。

神田　会計士試験のときも？

勝間　ええ。何でこんなに予備校の答えを鵜呑みにする人が多いんだろうと思いましたね。私の場合、基本的には答えを覚えるのではなく、答

えへの正しいプロセスと考え方のほうを中心にしました。熱心に聞きましたけど、レジュメとか答えを覚える作業はムダだなと。だから授業は1つひとつ学んでしまうと次から次へ応用問題が来ても大丈夫。ビジネス書からいかに学ぶかもまったく同じですね。

神田　答えを導き出すフレームワークを学ぶ。それを1つ学んでしまうと次から次へ応用問題が来ても大丈夫。ビジネス書からいかに学ぶかもまったく同じですね。

幼稚園の頃には、「読み聞かせ」の本を自分で読んでいました（勝間）

小2のとき、自分のお金で初めて買ったのが料理本。だから僕のビジネスの発想は、いまもレシピなんです（神田）

ビジネス書をいかに読むか？どう仕事に活かすか？

会社の制約条件内で、最大限努力すればどこまでできるのか

神田 ある意味、ビジネス書の功罪だと思うのですが、ビジネス書を読めば読むほど、目の前の現実と書かれていることとのギャップを感じると思うんです。だいたい僕の本を読んで実行すると実績は挙がる。ただ、実績を挙げた人は会社にいにくくなるんです（笑）。

薦めしたいです。いきなり転職するとか、むやみやたらに独立するのではなくて、きちんと下調べをする。転職することで自由度が上がるのか、実際に独立するだけの実力もコネも貯まっているのかも考えて準備しないと。

神田 特に20〜30代って、一部の人以外は〝不自由な環境で伸びる〟と思うんですよ。初めからモチベーションがガンガン上がるような職場にいられる人は本当にごく少数。理不尽な上司がいたり、非合理な社風があったり。でも、非合理な職場だからこそ、ビジネス書で得た知識を実践できる面があると思うんです。ビジネス書で理想的な組

織のあり方を読んで納得がいくのは、目の前の現実がそうではないからで。

勝間 そうですね。

神田 会社を飛び出したからといって、制約条件がなくなるとは限らないし、違う制約条件が出てきて、もっと厳しくなることもある。まずいまの会社の制約条件の中で、最大限努力すればどこまでできるのかをいろいろ試してみたほうがいい。

勝間 私は独立の時期としては、30代半ばから後半ぐらいがいいと思うんです。その頃が一番熟成する印象があるものですから。

神田 修業の時代ですからね。

新しい価値観をセットで見せた『非常識な成功法則』

勝間 40代では柔軟性に欠けて対応できないし、20代後半や30代前半ではちょっと早すぎる。だからビジネス書を読みながら、会社の中でできる修業は何かを考えてほしいですね。私、神田さんの会社の中でできる修業は何かを考え

てほしいですね。私、神田さんのビジネス書を読んで会社の限界に気づいたときにどうするか。私は取れるリスクを少しずつ取っていくをお

んの本のすごいところは、新しい価値観をセットで見せてくれるところ。『非常識な成功法則』（→P82）に書かれてあることをそのままやれば、成功しないはずがないんですよ。でも、読んだ人のうち何人がやったのかということなんだと思うんです。

神田 ただ、成功ってきっかけじゃないですか。そこで一歩を踏み出して結果が出た人は、そこから善循環に入っていく。その原点に僕の本があると言ってくれる人もいるけど、そうじゃなくても全然かまわない。「神田さんの言っていることなんて、全然当てはまんないよ」と言い、他の人の本を手に取ってくれる。たとえばそこで勝間さんの本を読んで「私はこれがいい」と自分なりの成功の仕方を見つけてくれればいい。1つの本の役割ってそんなものだと思うんです。

勝間 スイッチ、刺激ですよね。

神田 だから勝間さんのような人が出てきてくれて、インターネット時代の新しい知的生活の仕方を教えてくれる。自分なりのユニークな生活の仕方を見せてくれるというのは、

※問題提示、問題の強調、解決策の提示を軸としたお客を購買へと動かす動機づけのこと

とてもありがたい話です。そしてあと何年かすると、勝間さんの本を読んでもピンと来なかった人が、今度は別の観点から勝間さんに育てられた著者の本を読んで、この本が面白いんだよ、と言うかもしれない。そんな感じでいいと思うんです。

勝間 新しい価値観のセットですからね。トレンドも環境も変わっていく中で、よりフィットするものをわかりやすく提供してあげる。それが刺激になって、読んだ人がまた違う価値観を作っていく。

神田 僕はリストラされて目の前が真っ暗になったとき、それまで絶対に行かなかった書店の自己啓発棚で、引き寄せられるように手に取ったのが『マーフィー眠りながら成功する（上・下）』（→P75）だったんです。それが渡部昇一先生の翻訳だった。大島淳一というペンネームでしたけど。

勝間 そうなんですか。とてもいい本ですよね。

神田 勝間さんの『効率が10倍アップする新・知的生産術』（→P75）は、渡部昇一先生の『知的生活の方法』（講談社）の現代版なんですよ。インターネットにおける知的生活の時代の象徴が女性であるというのが、僕は極めて重要なことだと思うんです。

渡部昇一先生の時代は男性が知的生活とか知性の象徴で、女性はと言えば主婦が中心だった。それがいまや逆転して、当たり前のこととして女性が知的生活の象徴であることを受け入れている。

新たな「ブルー・オーシャン」への一歩は自転車から

勝間 それこそインターネットの力ですよね。情報格差がなくなって、特に重いものを持ち運ばなくてもできるようになった。体力差を解決する手段として、ITの革新はものすごく大きかったと思います。

神田 なるほど。

勝間 アメリカの1980年頃〜2008年までのGDPの増分を調べてみると、実はほとんど女性が生み出したものなんです。男性はせいぜい購買力平価並みのインフレ率くらいしかGDPが増えていなくて、ほとんど女性が社会参画することによって得た付加価値がGDPを増やしている。日本の競争力が弱いのは、女性の活用ができていないからなんですよ。

神田 ただ、勝間さんの本を読んだからといって、みんなが勝間さんのようになれるわけがない。いは踏み台にして勝間さんのような人に本を書こうと思っていただけた。それは知的進化だと思います。

だから、ぜひ勝間さんの本や勝間さんの推奨する本を読んでいただいて、それから5年間それを実践していった人たちが新たな「ブルー・オーシャン」を書いたりする。

そのときは、もう「フレームワーク」が当たり前のところから発想し始める人たちが出てくるんですね。

勝間 実際、神田さんに影響されてのでは？ と思っていました。

神田 自分の本をきっかけに、あるみんなが勝間さんの本を読んだからといって、勝間さんをきっかけに"自分"になるしかないんです。ただムリだと言ってそこであきらめてしまうのは間違いで、自転車1つでもマネしてやってみることが大切だと思う。

勝間 私も同じようなことを考えました。まだマッキンゼーにいた頃、どうして神田さんはこんなに大きなことがいろいろできるんだろうと。でも、同じにはなれないけど、何か1つ1つでもマネできることがある

本を書き始めた人はたくさんいますよね。フォトリーディングの講座を受講し、神田さんの本で勉強してそのまま本を書いてしまった人たち。

神田 「こいつが本を書けるんだったら、私でもやれる」と（笑）。本当にそうなんです。10年前、特にビジネス書の分野は高尚な文章を書かなくてはいけないと言われていました。でも当時、アメリカでは口語調で、本当に心と心で会話しているような本が出始めていて、「アカデミックな文章だと、みんなビジネスをやる気がしないよね」と思って、僕も口語調で書き始めたんです。それで「みんな、本を書きましょう」と言ったら、書き始めた。そういう安心感を与えた存在だと思いますよ。

勝間 やっぱり新しいパラダイムですよ。それまでは大学教授みたいな人が難しい硬い文章を書いて、分厚いハードカバーでというのが典型でしたから。そこに神田さんが出てきて「口語でいいんだ」「カバーの色はショッキングピンクでいいんだ」と（笑）。

神田 あれは僕なりにマーケティングノウハウを全部入れて、本自体が売れるような形で出していきました。

勝間 実際、本を出すのがなぜいいかと言うと、自分と知り合いたい人とか、知り合ったら面白い人を、名刺を配って歩くのと同じですから。そうすると、それに共感する人たちが現れて、共感する人たちとより仲よくなれるわけですから。その人たちから学ぶことがたくさんあって、またお互いに進化していく。非常にいい好循環が生まれます。

『マーフィー眠りながら成功する（上・下）』

『効率が10倍アップする新・知的生産術』

**20〜30代は〝不自由な環境で伸びる〟体験をする。
非合理な職場だからこそ、
ビジネス書の知識を実践できるんです（神田）**

**会社の限界が見えたときは、
いきなり転職・独立するより、
取れるリスクを徐々に取っていくことを薦めます（勝間）**

リアル書店の未来

リアル書店でしかできないこと

勝間 私は紙のテクノロジーにはまだまだ液晶系機器はかなわないので、イノベーションが起きない限り、少なくとも紙媒体の書籍は残ると思っていますが。

神田 それは僕も同じ意見。残ることは残る。ただ、それが何年後なのかはわからないけれど、カラーの液晶系機器で数百冊分が持ち運びできるようになっていくのは確実です。

勝間 私は書店の問題は、利益性だと思っているんです。ビジネスとして、もう少し持続可能なフォーマットにするにはどうすればいいのか。それを考えて実際にやっている書店は生き残れるのでは。

神田 同じ意味で、だからみなさんに本を好きになってほしいと思うんですけど、僕はリアル書店を応援しているからこそ、もっと危機感を持ってほしいんです。

僕は書店というのはとても重要なポジションにあると思うんです。本を並べるに当たって、自分が選んだ本が多くの人にすごく影響を与える。書店は文化の発信者なんですよ。

勝間 私がイメージしているのは、書店が〝知的コンビニ化〟できないかなと。書店とコンビニは店数もほぼ同じくらいで、コンビニに食べ物を買いに行くように、知的フードを食べたいと思ったら書店に行くような。

実際に、北海道にある書店・コーチャンフォーはそれに近いんですね。書店と文具とミュージックショップ、それにミスタードーナツが一緒になっていて、知的なものがほしいと思ったときはそこに行く習慣がついている。

神田 いいですね。インターネットの時代に、リアル書店だからこそできることは何かと考えるとき、ネット化できないのは人と人とのコミュニティなんです。本の流通は著者と読者の心を通わせる場を提供することで、この橋渡しができるのはリアル書店しかないんですよ。

知的フードを食べに行く〝知的コンビニ化〟してほしい（勝間）

本の流通は著者と読者の心を通わせること。書店は〝文化の発信者〟としての自覚を（神田）

巻頭インタビュー 神田昌典

「ビジネス書を読む意義と
"スピード情報編集法"としての
フォトリーディングの実践」

21～27歳まではリアルなビジネスで現実を学ぶべし

——どんなビジネス書を選び、どう読めばいいのか。まず、そのポイントを教えてください。

神田 いまの時代は「長期的視野」をどうやって得るかがとても大切になっています。情報のノイズに惑わされずに、ブレない自分の軸をいかに作るか。ブレない軸があれば、様々な書籍の中から自分に役立つ情報を引っ張ってくることができますが、軸を持っていないとそれができません。それこそ本に消費される人間になってしまいます。特に書籍というのは、非常にノイズが多いんです。

——ノイズというのは？

神田 本質的なこととは無関係な、単純に自分がうまくいった話とか、例外的な事象でうまくいったことを本にしてしまう著者も多いんです。特に自己啓発ものや自伝的なものはその傾向が強いですね。だから読む側としては、その中から自分に当てはまるパターンを読み取れるかどうかがとても大事。でないと、あの本が売れているからあっちに飛びつく、この本が売れてるからこっちに飛びつくという形で、自分の中で振り子が永遠に揺れてしまう。

——ブレないためにはどうすればいいのでしょう。

神田 やはり自分の体で体験することが必要で、頭でっかちにならないことです。特に21～27歳までは、リアルなビジネスや現実を学ぶのに最適な時期。僕はこの期間を「世話役」と呼んでいます。人の世話をする、お手伝いをすることで必要なスキルを学んでいくわけです。

この時期に知識だけで行動を起こそうとすると、経験があまりにも足りなさすぎるので、生き急ぐことにつながります。

——生き急ぐ？

神田 はい、人間には人生の積み重ねが必要で、もちろん早くから成功することもありますが、帳尻合わせというか、**その時期に学ぶべきことを学べなかったことの影響が、後になって出るん**です。

——20代のときにしか学べないことがあるわけですね。

神田 そうです。その上の28～34歳になると、家庭を持ったり、会社の中で中核の存在になってくるなど、忙しくてできないことがいろいろと出てくる。だから21～27歳の間は、基本的には仕事を主にしながら、根本的な勉強をすることをお薦めします。

英語をしっかり学ぶとか、資格を取るとか、がんばってMBAを目指してみるとか、この時期にしかできないことをする。30歳をすぎると、家族を養いながら資格を取るどころではありませんからね（笑）。

読書もテクニック主体のビジネス書ではなく、根本的な学びにつながる本を読んでください。取り組んでいる仕事の全体像を理解するビジネ

28歳からは自身の限界にチャレンジ。35歳をすぎたら「知識より知恵」のための読書を

——28歳からはどんな時期になりますか。

神田 28〜34歳は「探求者」で、ス書が必要で、勝間さんの本もこの時期に読んでおくといいと思います。

それまで学んだ体験をベースに、自分が本当に好きなこと、やりたい仕事を探求していく時期。自分の才能や身につけてきたスキルを見極めて、自分で無から有を創り出していく時期に入ります。だから自ら新しい企画を出したり、プロジェクトの責任者に名乗りを上げるようなことがとても重要。この時期に自分自身の限界にチャレンジすることが、その後の人生を作っていく。ここでチャレンジできるためには、その時期までに何をしておくかがとても大事になります。

——35歳をすぎるのですか？

神田 そうです。35歳をすぎてからは「破壊者」になります。破壊というのは1回リニューアルすることというような意味合いです。

自分がプレーヤーから指導者の立場になっていく切替ポイント。教える立場になると、ただテクニックを教えているだけでは誰にも信頼されません。

だからそれまでの延長線上のことをしていてはダメで、人間的な幅を広げるために内的な知性を育む必要があります。幅広い人生体験の中から、信頼できる上司だと思われることが必要で、様々な歴史的観点や人生知識が問われることになるんです。

——人間的な成熟が問われる時期なのですね。

神田 そういうことです。新しい時期に入るのですか？

神田 そうです。35歳をすぎてからは「破壊者」になります。

——人間としての幅を広げていくことが大切だと？

神田 実際、35〜41歳になると、自分だけでは解決しようのない問題がいろいろ起こってくるんですよ。取引先が倒産したり、奥さんに出て行かれたり、子どもが大きな病気をしてしまったりなど、方程式では片づかない様々な問題が発生してくる。そうした不条理なことを体験しながらも乗り越えていけるような、知恵よりも知恵を養う時期なんです。知恵を持っていないと誰からも尊敬されないので、歴史のサイクルとか歴史を動かす原理、人間の内的な深い部分について知るような本を読み、自分を理解すると同時に他人を理解する度量の広さを養っていくことが大切だと思います。

——28歳からは自身の限界にチャレンジ。35歳をすぎたら「知識より知恵」のための読書を

この時期は時間の余裕もなくなるので、直接ビジネスに必要な本、テクニックを身につけるための本を多読すればいいと思います。

——35歳をすぎると、また新しい時期に入るのですか？

テクノロジーでは若い世代にかなわないのだから、より大きな枠組みの中で、たとえば会社を成長させるとか、人間関係を円滑にしていくとか、男女関係のトラブルを解決していくといったことに、幅広い知識が必要になります。

フォトリーディングは単なる速読法でなく「スピード情報編集法」

——では、フォトリーディングを身につけるメリットは？

神田 たとえば、会議までに資料の本を読む時間がないときに、とりあえず30分あるからその間に3冊フォトリーディングして、自分の知っている情報と組み合わせてアウトプットしよう、会議の場で貢献しようということが可能になります。

だからすべての状況で魔法の杖ではないですけど、僕のような情報や知識を扱う人間にとっては魔法の杖ですよ。たとえば、まったく知識のない古武術について甲野善紀さんとお会いするときに、1時間あれば10冊くらい甲野先生の本をフォトリーディングして、自分がどういう立場でお会いすればいいのかがわかるし、自分なりの話もできますから。

非常にフレキシブルな読み方ができるのが特長で、30分なら30分なりの読書ができるし、3時間あるときには理解度を非常に高めながら読むこともできる。言ってみれば、いますでにみなさんが持っている読書スキルをモジュール化して体系化したもので、そのモジュールを自在に組み合わせて、自分なりの読書ができるようになるテクニックです。

スピーディな情報処理力が高まると同時に、論理的に自分の意見を形成しやすくなる。そういった面では、いまの高度情報化社会の中では必須のツールだと思います。

——フォトリーディングとマインドマップとの関連性について教えてください。

神田 フォトリーディングで得た情報を受け取って、自らの既存知識と組み合わせて自分なりの情報が

——フォトリーディングと速読とはどう違うのですか。

神田 フォトリーディングは「スピード情報編集法」だと思っているんです。速読法のように読んで理解するスキルに加えて、自分でその本の情報を受け取って、自らの既存知識と組み合わせて自分なりの

——フォトリーディングは、現在講座予約がなかなかできないほどの人気です。ただ、一部には「魔法の杖」との誤解もあるようですが。

神田 まず、フォトリーディングで大量に本を読めば、すべての問題が解決するとは思わないでほしいですね。良書との出合いは人との出会いと同じで、本当に人生を変えます。それほどインパクトがある。人生に影響を与えるような本は、著者と呼吸するように何度も読み返したりそれこそ音読したりすることが大切。フォトリーディングだけで渡っていけるほど、世の中は甘くない（笑）。

発信できる。だからアマゾンの和書総合ランキング上位100位以内の本を見てみると、いまは5冊に1冊がフォトリーディングの講座を受けたフォトリーダーによって書かれているんです。そのうち勝間さんだけで何冊も入っていますが（笑）。

情報を、自分の既存知識や経験と合わせて統合して発信する。その情報を編集する過程で、マインドマップは非常に役に立ちます。マインドマップを知っていると、自分が情報を発するのに要する時間が**半分から3分の1**になると思いますね。

——どうしてそんなに大きな効果が得られるのですか？

神田 マインドマップは自分の自然な思考法に合ったノートの取り方なので、単純に箇条書きで書いているよりも発想も出やすいし、次々アイデアが生まれやすい。

書くたびに枝を放射状に広げていきますが、枝を1本伸ばすたびに、質問として脳に刺激を与えるんですよ。枝を1本伸ばすことは、言外に「これに関連する情報は他に何かありますか？」という質問になっているんです。人間って、質問を与えられたときには一所懸命頭が働くんですよ。

——つまり、フォトリーディングとマインドマップはコインの裏と表のような関係だと？

神田 コインの裏表ではないです

ね。脳で言うと、フォトリーディングはインプット、僕の場合、アウトプットでオリジナルの発想を持ち出すにはジーニアスコードという方法を使っています。これは日本ではまだ知られ始めたばかりですが、脳で言えば、左脳と右脳をつなぐ脳梁の部分が自分がマインドマップで得た情報から自分が表現するまでのスループットですね。

2015年には新しいビジネスを生み出すヒーローの時代が来る

——神田さんは、これからのビジネスはどのような方向に行くとお考えですか？

神田 いままでの価値観が崩壊して、ビジネス自体がまったく新しい価値観に基づくものに変わっていくと思います。それまではかなり大変ですが、すでに新しい価値観の萌芽の兆しが見え始めています。

より社会的な活動や精神的なものが求められるようになって、これまでの金銭資本主義や拝金主義に代わって、社会的な利益の創出と会社の利益の創出とを同じベクトルに持っていかなければいけない時代になる。70年周期で言うと、おそらく2015年以降に新たな資本主義というものが生まれてくるはずです。

1945年は物質がまったくなかった時代で、それを60〜70年かけてここまでもってきました。そして2015年には、「我々は心について何も知らなかった」ことにようやく気づくのではないでしょうか。1945年に始まった時代がソニーやホンダを生み出したように、まったく新しいビジネスを築き上げていくヒーローの時代に、あと7、8年で入ります。いまこの本を読まれている方たちは、本田宗一郎さ

や井深大さんのような方々と同じようなに立場にいる。もちろん新しいビジネスのヒーローは非常に少数ですが、そうした時代を生きていることを自覚してほしいですね。

出合うべきときに出合うべき本と出合う

——その時代に向けてどんな本を読んでいくかですが、神田さん自身はどうやって本を選んでいますか？

神田 僕の場合、選ぶというより、本に選ばれる。これはホントですよ（笑）。目の前の課題から逃げずにやっていると、要所・要所で自分1人では解決できない問題にぶつかるもの。そういうときに書店に行くんですね。

そうすると、1冊1冊の本がエネルギーを持っていますから、「引き寄せの法則」で、本が向こうから声をかけてくる。何も考えずに書店をめぐっていると、グイッと後ろ髪を引かれるような本が必ず出てくるものなんです。それが僕にとっての『マーフィー眠りながら成功する（上・下）』（→P75）であり、人からプレゼントされた『Awakening the Heroes Within』（→P78）でした。

人との出合いと本との出合いには、非常に共通するところがあります。だから、人生を変えるような本に自分から出合おうというのは都合のいい話。それは「私の人生を変えてくれる人に出会いたい」と言って、いつまでも永遠の恋人に出会えないのと同じです。

やっぱり目の前のこと、リアルな体験をきちっとしていくことが重要で、そうした中で、出合うべきときに出合うべき本と出合う。その両方とも大事。

本に逃げない、本から逃げない。だから、悩みがあるときは書店に行こう！ と言いたいですね（笑）。

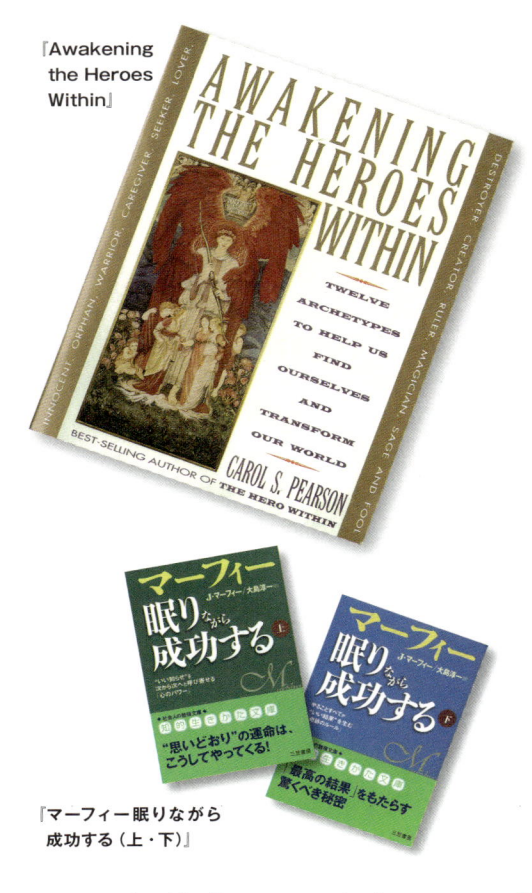

『Awakening the Heroes Within』

『マーフィー眠りながら成功する（上・下）』

巻頭インタビュー 勝間和代

「1か月に100冊読む 勝間式読書投資法」

自己啓発書は3冊だけじっくり読んで実行することが先決

——ビジネスマンが読むべき本は、年代ごとに変わってくるものなんですか。

勝間 そうですね。やはり20代前半には自己啓発の本を読むべきでしょう。この本にも挙げた『自助論』（→P48）とか、『7つの習慣』（→P46）とか。社会人になって、どういうふうに生きるべきなのかをまだ悩んでいる時期ですから、コンピュータと一緒で、まずはレイヤー（階層）を押さえておいたほうがいい。まだ自分のOS（オペレーティング・システム）がしっかり出来上がっていない段階なので、そこにアプリケーションを載せても動きませんから。

——自己啓発書はとにかく数を読むほうがいいのでしょうか。

勝間 何冊も読む必要はないですね。ここで薦めているものを2、3冊じっくり読んでもらって、それを守って実行してもらう。まず、ダマされたと思ってやってみることですね。

——やってみないと意味がない。

勝間 はい。"やらない言い訳"を探して、結局はやらない人が結構多いんですよ。「これは役に立たない」「これは自分に合わない」「これは自分にはできない」とか。言い訳を探してくれば何も体得できませんから、10冊買っても意味がありません。

『自助論』『7つの習慣』『原因』と「結果」の法則』（→P47）の3冊を読めば、もうお腹いっぱいじゃないですか。自己啓発書に書かれていることはだいたい共通していて、この3冊に書いてないことなんて、そんなにありません。この3冊は、同じことをそれぞれ違う言い方で説明してくれるので、納得感が高いと思います。

それともう1冊、私は『ビジネス・ゲーム』（WAVE出版）がとても役に立ちました。

——『ビジネス・ゲーム』はリストにはない本ですね。

勝間 いまは絶版なのでリストからは外しました。でも、私はこの本を20代で読んでおいて本当によかったと思っています。書かれたのは30年前、日本で翻訳書が出たのが15年ほど前ですが、女性がどうやって男性が作ったゲームの中に参加して働けばいいかがしっかり書かれていますよ。それは仕事をしていても、誰も教えてくれないことなんです。

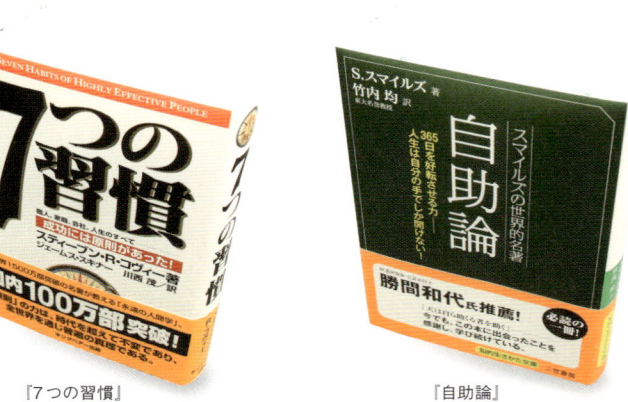

——たとえばどんなことですか。

勝間 男性が実はどれぐらい女性を嫌っているかとか、男性の弱点はここだから女性はこのように振る舞えとか。あと、ありがたかったのは、ライン職とスタッフ職の違いについての説明があり、「とにかくスタッフ職にはなるな」とはっきり書いてあったこと。私自身、そんなに出世では苦労していませんが、それはこの本を読んでルールを知っていたからだと思います。

——ルールというのは？

勝間 所詮ビジネスの場では女性は異物ですから、異物感を強調するような動きはするなとか、自分がヒエラルキーのどこに位置しているかを理解しておかないといけないとか。私がよく「アサーティブ」、つまり

『「原因」と「結果」の法則』

『7つの習慣』

『自助論』

> **読書を積み重ねることで自分なりのOSがインストールされアプリケーションが使えるようになる**

相手を叩きのめきもせず、自分も叩きのめされない、自分の主張を伝えながらも明日も握手できるWin-Winコミュニケーションの技法を使いましょう、とよく言っているのは、実はこの本が原点なんです。

――20代後半にはどんな本を読んでおくべきでしょうか。

勝間 この時期になると、実際に仕事をしていく中で必要な本がいろいろと出てきます。営業の人だったらどうすればもっと売れるようになるのか、企画の人ならどうやって企画を立てていけばいいのか、経理の人だったらもっと会計に詳しくなりたいとか。個別の悩みがどんどん増えてきます。その悩みに対して、少しずつ実務的な本を読んでいくのが20代後半だと思います。

その繰り返しの中で、自分なりのOSがある程度インストールされて、アプリケーションが使えるようになっていくんですね。そして30代前半になったら、もう少し応用的な本に広げていくといいと思います。

――たとえばどんな本でしょう？

勝間 『誘惑される意志』（→P55）のような、ちょっと歯ごたえのある本です。すぐには役立たないけれども、知っていると面白くて、世界観が広がるような本ですね。ある程度人間観察をしてきて、いろいろなことに行き詰まった経験をした後に、『誘惑される意志』を読み、さらに人間にはこうした生業があるといったことを知ると、より人間に対する理解が広がります。

『誘惑される意志』

アプリケーションのレベルとしても、人が絡むアプリケーション、組織論などを読むのは30代前半でいいでしょう。20代後半ではまだ管理職になったわけでもないし、それほど悩んでもいないと思うので。

後は哲学的な本とか、歴史の本とか。歴史は疑似体験なので、ストーリーで学ぶことはすごく重要です。

こうした成熟度による読書の積み重ねで、より難解な本も読みこなせるようになっていくんです。

——勝間さんは月に何冊くらいの本を読んでいるのですか？

勝間 月に50〜100冊くらいですね。金額にして10万〜15万円。良書に出会えるのは1万円あたり1冊程度ですから、これでようやく実になる本が月に10〜15冊手に入る計算です。それでも良質な情報を早く手に入れられるという点で、本ほど効率的で安価なものはありません。

勝間 もちろんですよ。いろいろな情報の中で、本質的に必要なものはせいぜい1％。その必要なものを手に入れるための1番簡単な方法は、

——それでも1番安い……？

本を読むことなんです。ウェブや映像など様々なメディアからも情報は入手できますが、現段階では「文字＋紙」の組合せを上回る媒体はありません。私が本を読むのも、本が最も時間効率が高い媒体だからです。

——時間効率が高いという理由は？

勝間 理由は3つあります。1つは多くの本の企画の中から厳選・編集された良質なコンテンツであること。ウェブに載っている情報の多くは発信者が誰かもわかりませんし、テレビ番組は万人向けのコンテンツなので、自分に本当に役立つ情報はまさに玉石混淆で、たいがいが石。ほとんどありません。

2つ目は、著者が自己実現のために書いている場合が多く、**採算度外視で安価なこと**です。著者が何年もかけて培った情報をわずか数千円で購入できるのですから、これ以上お買い得なものはありません。

私自身、本を書くことはお金儲けよりも一種の**自己実現**だと思っています。他人に自分を認められる最も簡単で、最も効果的な方法の1つがあります。

それに本を書くということは、バーチャルな名刺を配っていることと同じですから、私が会いたいと思っている方から「会いたい」と、言ってきてくれることもあります。神田さんとの出会いは、まさにそうでした。神田さんに、本場ミネソタでフォトリーディングの講習を受けさせていただき、非常に大きな学びがありました。

——では、本の時間効率が高い3つ目の理由は？

勝間 **一覧性に優れていて、かつ携帯性が高いこと**です。本1冊、250ページ分をウェブに展開することはもちろん可能ですが、読む側からすれば、本のほうが読みやすい。パソコンの画面でその内容をスクリーンで見ながらクリックしたり、必要な内容にさかのぼろうとしたときに、紙に比べるとまだまだ操作がしにくいんです。電子ブックなどに

読書習慣のない人はまず書店に足を運ぶことから始めよう

——ところで、勝間さんは月に50～100冊もの本を、いつ、どうやって読んでいるのですか。

勝間 ちょっとしたすき間時間を使って読書しています。家の至るところに本を置いておいて、トイレやお風呂の中、後は料理の待ち時間とか食休みとかですね。

読むときのコツはじっくり読み込まずに、フォトリーディングでパッパと読む。もちろん、中には3日くらいかけて読む本もありますが。

——フォトリーディングは、なるべく早く身につけておくほうがいいのでしょうか。

勝間 ある程度本を読むことが習慣づけられている人なら、早いにこしたことはないと思います。ただ、学生時代に読書習慣のなかった人は、いきなりやってもきついかもしれません。読書習慣のない人は、少なくとも週に1冊ペースで読みましょう。まずは書店に行く習慣をつけることですね。コンビニに行くのと同じ感覚で、フラッと立ち寄ってみる。会社帰りとか、ちょっと時間が空いたら暇潰しに書店に入るとか。人との待合せ場所を書店にするのもいいと思います。

——最初は書店に入ってみるだけでもいい……。

勝間 ええ。そこから徐々に変わっていくと思います。書店の中を歩いていれば、自然に本が目に入って、手に取ります。人間、五感から刺激を受けないと行動に移らないので、まず手に取ってみることが大事。最初は立ち読みでいいんです。そのうち物足りなくなって買い始めますから。

——勝間さん自身は、書店ではどうやって本を選んでいますか。

勝間 中規模書店に行くと、自分の好きなマーケットとかビジネスの棚はほぼ全冊、しらみ潰しにチェックします。他の棚はざっと見て、面白そうなものをポンと手に取って引っかかったものだけを買うという感じです。大型書店ではそこまでできないので、だから中規模の書店によく行くんです。神田さんの『非常識な成功法則』（→P82）も本屋でしらみ潰しに見ていたときに出合いました。

——本の数も膨大だと思いますが、管理の方法は？

勝間 残しておくのはほんの一部で、せいぜい10分の1程度です。後は捨てるかブックオフに持っていきます。ブックオフで売った代金をそのまま特定非営利活動法人JENに寄附するプログラムがあるので、それを活用しています。後は「ブック・キープ・サービス プラス」(http://www.tokyo-shoko.com)というサービスがあって、段ボール箱に詰めて送ると向こうでリストを作ってくれます。別途保管料がかかりますが、必要時に郵送料実費で戻してくれます。

捨ててしまった本をもう1回読みたくなって、買い直すこともありますね。ただ、明らかに1度捨てたら2度と手に入らなそうな本は取っておきますけど。自分が買った本が初版で、どう見ても第2版はなさそうだなとか（笑）。

——本を持っていること自体には意味がないと？

勝間 頭の中に残ればいいので、実物が残る必要はありませんからね。お守りのように、本を買って安心してしまう人も多いのですが、読まなければ何もなりませんし、読んでも

主役の座を譲ることは、しばらくはないでしょうね。

©J.Hirayama

——他のツールというのは?

勝間 英語の勉強をしてからといる前提つきですが、洋書のオーディオブックは移動の時間などを活用できるので効率的ですし、耳から学ぶのもいいですね。オーディオブックに関しては、アメリカでは「こんな本も?」と驚くほど、たくさんのオーディオブックが出ています。巻末にもお薦めリストをつけました。基本的にはプロが朗読しているので、非常にきれいな英語でヒアリングしやすいと思いますから。ただ、あれこれ手を出しても意味がありません。私は月に1回でお腹いっぱいという感じですね。

『ザ・ゴール』(→P93)などはドラマ仕立てになっていますし、『7つの習慣』は著者のスティーブン・R・コヴィーが一所懸命、話していて面白い。『第1感』(→P104)も著者のマルコム・グラッドウェル本人が朗読していました。

——セミナーにも行く価値はありますか?

勝間 もちろんです。セミナーに参加することで、その人となりがよくわかり、著者の理解が深まりますから。ただ、自己啓発本と同じで、あれこれ手を出しても意味がないことも大切です。また、気に入った著者がいたら、講演のDVDを買ってもいいし、セミナーに参加してみるのもいいですね。

その知識を使わなければ意味がないと思います。加えて、本以外のツールも有効に使うべきですね。

——最後に、本離れと言われて久しい現状についてどうお考えですか。

勝間 それは本が安価で時間効率の高い媒体である最初の理由の「厳選・編集された良質なコンテンツ」の部分が揺らいでいるからだと思います。出版社の「集中と選択」が足りなくて、本を出しすぎるから「買ったけどつまらなかった」という本が多くなり、読書体験が悪くなってしまう。その蓄積が本離れの原因になっているんです。

ここで紹介しているのは神田さんと私が厳選した本なので、「何を読めばいいかわからない」という人は、まずこの100冊の中から何冊かを選んでいただければ、間違いないと思います(笑)。

神田昌典が初公開！
「この本だけは絶対読もう！
究極の10冊」

「商売の表と裏」を知りたいときに
リアルなビジネスの世界を教えてくれた僕にとっての最良の教科書

「いきなりマンガかよ!」と突っ込まれそうだけど、僕が独立してコンサルタント会社を始めたときに1番役立ったのはこの本だった。

何しろ開業していきなりかかってきた電話が「インポテンツの治療薬をどうやって売ればいいか」。先方を訪ねると、下町の怪しげな自社ビルで、事務所には熊の剥製が……。こんなときは、いくら有名な経済学者やコンサルタントが書いたビジネス書を読んでもダメ。相手とろくに会話さえできないから、「マンガでも」ではなくて、「マンガだからこそ」ためになるんです。

恥ずかしい話だけど、僕はある社長に「エステ会社を居抜き※で売りたい」と言われたときに、最初「居抜き」の意味がわからなかった。こん
な言葉、ビジネススクールでは絶対に教えてくれない(笑)。

リアルなビジネス、特にリアルなおカネの世界を知るには最良の教科書だと思う。どの小切手がどうすれば現金化できるのか。現金を回収するためにはどんな法的手続きが必要なのか。たとえば、僕の会社では小切手の支払いはNOだけど、独立当初は「支払いは小切手でいいか?」という話をされる。支払期限を延ばされたり、架空伝票を請求されたり、「期日はこれでお願いね」というのもよくある話だ。こうした要求に対してもよくある話だ。こうした要求に対してどう対応していいかわからない。

でも、日本の会社の90%以上は中小企業で、ほとんどが泥臭いビジネスをしているのが現実。泥臭い知識をある程度持っていないと、無理難題を押しつけられたときに対応のしようがない。実際にそこで行き詰まって事業をやめてしまう人も多い。ところがこのマンガで学んでおけば、心に余裕を持って対処できるのだ。

ビジネスにつながる格言・名言もあふれていて、たとえば主人公が空港に向かうバスに乗り合わせたときに、「同じような人が集まるところには必ずビジネスチャンスがある」とアドバイスされる。そこで主人公は**回数券の換金ビジネス**を始め、綱渡りだった資金繰りに成功する。これって、マーケティング的に言っても正しい。**机上の空論ではなく、知識と現実を融合させるようなものの見方**ができて初めて、生きたビジネスになる。本で、男女関係のドロドロや人間の金銭欲を赤裸々に描きながら、現実のビジネスがどんなふうに回っているかを教えてくれる。ホント、著者はそのヒントを与えてくれるのがこの本は天才です。

※オフィスを原状復帰するのではなく、内装や設備をそのままの形で売却すること。レストランやエステ等を経営する際に便利。

ナニワ金融道(全10巻)

青木雄二著/講談社/1〜8巻…各定価(本体740円+税)、9〜10巻…各定価(本体650円+税)/1999年

バブル期以降の大阪を舞台に、カネをめぐる悲喜劇を描いた長編マンガ。主人公である消費者金融の新人営業マン灰原の目を通じて、金儲け優先社会のリアルな姿が描かれる。カネに関する法律の描写も詳しい。高利貸し、マルチ商法、詐欺の実態から、不渡り、夜逃げ、追い込みに至るまで、広範なトピックが灰汁の強い絵で描かれる。

これからの10年 団塊ジュニア1400万人がコア市場になる！

三浦展著／中経出版／定価（本体1500円＋税）／2002年

「団塊（1947〜49年生まれ）」「新人類（1960〜68年生まれ）」「ニセ団塊ジュニア（1971〜74年生まれ）」「真性団塊ジュニア（1973〜80年生まれ）」「新人類ジュニア（1993年前後生まれ）」に分けて15歳周期で見えてくる世代と消費傾向を分析。「ニセ団塊ジュニア」＋「真性団塊ジュニア」＝1400万人を攻略するキーワードとは？

大ヒットを飛ばしたい全ビジネスパーソンへ
「すでに起きている未来」からビジネスを読み解く

30年前のビジネスサイクルは30年。いまは10年と言われているけど、僕はもはやビジネスはもって6年と考えている。6年も**導入期、成長期、成熟期**と分ければ、事業の成長期はたった2年しかない。これからどういう時代になるかを予測して動かなければ、ビジネスは成り立たなくなってきているのだ。時代は急速に変わっているから、現実を見ながら仕事をしていると、どんどん遅れてしまう。テニスのボールが手元に来てからスイングを始めても間に合わないのと同じで、飛んでくる方向を予測してスイングを始めなければいけない。では、どうやって未来を予測するのか？　その明確な方向性を示してくれるのがこの本。大ベストセラーになった『下流社会』の前、2002年に書かれたものだけど、当時の僕には本当に衝撃的だった。

特に下にある「**15歳周期で見えてくる世代と消費傾向**」のチャートは「大きく拡大して壁に貼っておこう！」というくらい重要。

このチャートには**各世代の出生数と消費傾向**が示されている。人口動態はいわば「すでに起きている未来」。さらにその世代の幼年期の環境はどうだったかがわかれば、彼らの価値観がつかめる。5〜10年後には、その特定の価値観を持った人たちがどのくらいの人数になるかがわかるわけだ。そこから逆算すれば、どんな市場ニーズがあるかの予測がつく。だからこそ、三浦さんのビジネスチャンスの見極め方は信頼できるのだ。

たとえば、団塊ジュニアは「デザイン訴求」でデザインのいいものを買うとか、家にすら自分の手を加えたいからコーポラティブハウスが伸びるとか。ブランド品ではなく、1人ひとりに合わせたコンシェルジュ的なサービスが伸びるとか。書かれてから6年。まさに時代はそのようにシフトしている。この本に描かれた趨勢に合っていなければ、ビジネスは絶対にうまくいかないというくらい、長期的にインパクトのある本だと思う。

15 歳周期で見えてくる世代と消費傾向

出産数（万人）／誕生年

- 昭和ヒトケタ世代　1933年前後生
- 団塊世代　1947〜49年生
- 新人類世代　1960〜68年生
- 第2次ベビーブーム（ニセ団塊ジュニア）世代　1971〜74年生
- 真性団塊ジュニア世代　1973〜80年生
- 新人類ジュニア世代　1993年前後生

ニセ団塊ジュニア＋真性団塊ジュニア＝1400万人

出所：『これからの10年 団塊ジュニア1400万人がコア市場になる！』をもとに作成

経営者魂を自分の血とし肉としたいときに
背筋を正して「1日10分音読」！経営戦略作りの教科書

小倉昌男さんは、僕が最も尊敬する日本人経営者の1人。この本はまさに経営戦略作りの最高の教科書で、いろいろな経営戦略作りの理論書を読む前に、まずは本書を「音読しなさい」と言いたい。

1字1句声に出して、毎朝起きたらまず10分音読。スラスラ言えるようになれば、経営戦略の作り方は自然に体得できているというぐらいの本なのだ。

いま流に言えば『ブルー・オーシャン戦略』(→P53)のケーススタディが、理論的なところから人間臭い部分まで、ロマンたっぷりに描かれている。

しかも単純に「1つの事業を立ち上げて成功させました」で終わりではなく、その事業がダメになる直前にいくつもの事業の仕込みをし、どの時点にどんな観点で準備を始めればいいかについても詳しく書かれている。

ビジネス書には、成長期に当てはまったものをすべてのフェーズに通じるかのように書かれているものも多いから、どうしても現実と齟齬が出てきてしまう。その点、本書はビジネスの立ち上げから大企業になるまでの物語の構成になっているので、ビジネスの全体像が見渡せる。しかもそれは、どんな環境、どんな時代でもうまくいくような法則化しやすい事例なのだ。

まずこの本を読んでから他の経営戦略書を読むと、「ああ、これはヤマト運輸のこの部分を理論化したものだな」とわかるはず。

だからいろいろなビジネス書に手を出す前に、この本を読むべし。

さらに、経営者としての小倉さんを理解するうえで重要なのが、『福祉を変える経営』(→P66)という本。20年くらい前から、日本には株主のために利益を最大化するというアメリカ流の経営概念が急速に入ってきた。だけど、いまの時代は確実に『福祉を変える経営』が示す方向に向かっている。会社というのは社会的な存在であって、社会に貢献しなければいけない。小倉さんの生き様が最終的に向かったことは、とても意味が深いのだ。利益があっても理念に障がい者に向かったビジネス。理念はあるけど利益がないのは最悪のビジネス。ビジネスパーソンとしては、まず利益が大切だけど、利益が出るようになったら理念を語らなければいけない。

宅急便という巨大産業を作り、障がい者福祉を変える経営をやり始めて、道半ばで他界した小倉さんの遺志を引き継ぐことが、日本人にとってとても大切なのだと思う。

彼のようなビジネスパーソンを目指すなら、**背筋を正して音読！**

背筋を正して音読することは、その経営者魂を、自分の血肉に刻み込むことになるのだ。

小倉昌男 経営学

小倉昌男著／日経BP社／定価（本体1400円＋税）／1999年

ヤマト運輸元社長である著者が、自らの経営のエッセンスを、豊富なエピソードとともにまとめた1冊。徹底した学びの姿勢と強靱な決断力を持った著者が、規制だらけの運輸行政と闘い、宅急便を確立していく姿が描かれる。起業家としての情熱が全編にみなぎる一方、経営者に最も必要な能力は論理的思考力だという主張が強く伝わってくる。

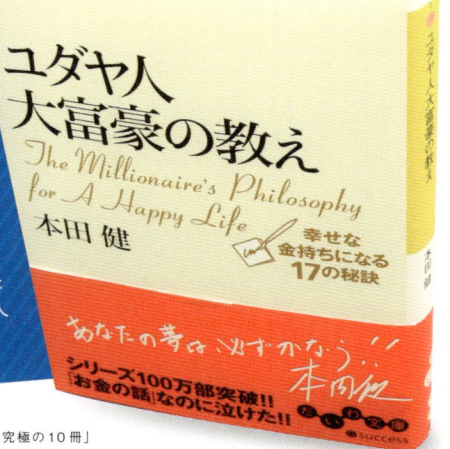

お金持ちになりたい、と思ったときに
「お金持ちって、いいな」と思える哲学の本。20代後半から30代の修業期に読んでおこう

もう読んでしまった人も多いだろうけど、それでもやはりこの本はおすすめ。なぜかと言うと、純粋に「お金持ちって、いいな」と希望を与えてくれるから。

日本人の場合、お金儲けがあまり"いいこと"だと思われていなくて、お金持ちは「何か悪いことをしているのでは？」と勘繰られてしまう。だから子どもの頃から、「もったいない」とか「ムダ遣いするな」と教えられてしまうのだ。その刷り込みをなくし、希望を取り戻すうえで、この本はとても有効だと思う。

ある青年がユダヤ人の大富豪から、大富豪になるためのいろいろな知恵を授かるという物語。感動的に描かれていて、読めば愛の形としてのお金、愛の循環としてのお金という哲学を共有できる。お金持ちになるためのメンタリティを、深く学ぶには最適だ。これからの時代は、新しいビジネスの立ち上げを考えながらも、美しく高貴なところが矛盾するものではないことが自然に感じられると思う。

まずは、リアルなビジネスを知るために『ナニワ金融道』を読み、次にこの本を読めば、泥臭いところと本が出版されたときには（06年に文庫化、僕は正直「まだちょっと日本では早いのでは？」と思っていた。この本を読むと、考え方さえ変えれば、お金持ちになれるような印象を受ける。お金に対する哲学はそのとおりだけれど、一般読者が読んだときに、"幻想"を抱くのではないかと感じたのだ。

利益を出すには、やはりビジネスモデルをある程度論理的に積み上げていかないとムリ。コンサルタントとして考えると、「理念あって利益なし」の状態に陥らないためには、その前にビジネスモデルの構築が必要だからだ。

特に、いまの20代後半から30代は、自分が新しいものの、付加価値を作り出せるようになっていかなければならない。そのためには、ビジネスの表と裏、実践と哲学の双方を理解していることが大切。

でも、いまは若い人たちが最初からこの本を読んだほうがよい時代になった。お金持ちになる過程では、必ず周りの人から応援される環境を整えなければいけないという本質も教えてくれる。

なおかつこの本は、お金を儲ける過程では、必ず周りの人から応援される環境を整えなければいけないという本質も教えてくれる。

ておくことも大事。なおかつこの本は「お金を稼いだ先に、自分は何をしようか」ということを置いておくことも大事。

ユダヤ人大富豪の教え
幸せな金持ちになる17の秘訣

本田健著／大和書房／定価（本体648円＋税）／2006年

アメリカで成功を手にしたユダヤ人老富豪と、将来の成功を願う日本人青年の出会いと成長の物語。ユダヤ人老富豪・ゲラー氏を通して語られる17の秘訣は、「お金の法則を学ぶ」「失敗とうまくつき合う」「自分を知る」など、一見すると当たり前のようなことを述べているようなものだが、人生を豊かに生きていくヒントで満ちあふれている。

人の心を動かす文章術

樋口裕一著／草思社／定価（本体1400円＋税）／2004年

小論文指導の第1人者である著者が、読む人の心を動かし、面白い文章を書くノウハウと文章を書くことの楽しさを教える。作文に苦手意識を持つ人も多いが、文章を書くことはまずテクニックであり、基本的なテクニックさえ知れば、誰でもそれなりに文章が書けるようになると説く。文中で、実際に著者が添削をしており、実践的な内容となっている。

「文章うまいね！」と言われたいときに第一印象も「文章」で評価される時代。手っ取り早く「型」をモノにするならコレ

いまの仕事のやり方を見てみると、メールでのコミュニケーションが8割で、対面でのコミュニケーションはどんどん少なくなっている。その中で、人がまず何によって評価されるかと言えば、実は「文章」なのだ。

昔なら、上司の文章をタイプしたり、清書したり、あるいは書いた文章に朱で添削されたりと、文書を学ぶ機会があった。ところがいまは誰もそんなことはやってくれない。一流大学卒の人でさえ、教授に文章術を教えられた人は非常に少ないと思う。

だから文章の書き方を自分で学ばなければならないのだが、文章術の本の中で特にこの本が優れているのは、文章の「型」を身につけられる点だ。

たとえば、たいていの人は書き出しで戸惑ってしまうのだが、この本では「書き出しで読み手を惹きつける」と言って、「擬音ではじめる」「会話ではじめる」といった書き出しのパターンを紹介してくれる。そして言われたとおりに文章の書き出しを工夫するだけで、非常に読みやすい文章になってしまうのだ。

もう1つ助かるのが、朱インクを使った添削例を載せてくれているところだ。普通の文章が、添削後にどれだけわかりやすい文章になっているかがよくわかる。文章が見事に変わっていくプロセスがわかるから、読んでいてとても楽しいのだ。添削の前後を読むだけでも、ちょっとした文章の書き方やそこが論理的な文章の書き方を人にインパクトを伝えられることで人にインパクトを伝えられる、と納得できる。

ルールを中心にした本との大きな違い。さすがに著者は予備校の先生だけあって、教え方がうまい！

特にこれからは、メールや企画書などの文章だけでなく、ビジネスパーソンもブログで自己表現していく時代だ。いまやブログは、自分の知識を確固なものにし、自分の意見を構築するうえで非常に有効なツールになっている。ブログによって人脈が広がり、そこで新たな事業が立ち上がって会社に貢献することが多くなっている。そう考えると、ブログの文章はとても重要なのだ。

ブログで自分を表現するには、メールとは違って、いろいろな文章を書く技術が必要。そうした文章力を手っ取り早く身につけるには、この本は絶対にお薦め。お買い得です。

誰もがぶつかる理不尽な障害。でも、「逆説の10カ条」がきっとあなたを支えてくれる

人を許せなくなったとき、愛せなくなったときに

もしあなたが自分で新規事業を立ち上げたり、会社で新しい企画を出したとしよう。それが付加価値を生み出すすばらしいものだったら、当然受け入れてもらえると思うだろう。でも、答えはNO。その事業や企画に価値があればあるほど、強い反発を受けるのだ。「社内の出世のためにやっている」とか「自分の利益しか考えていない」と後ろ指をさされたり、会社でも親戚内でも猛反対が起こり、様々な障害にぶつかる。しかもその障害は、自分が努力したり改善することで乗り越えられたり、論理的に解決できるものではない。当然、落ち込む。そんなときには、さらに一歩を踏み出せるような土壇場の力、粘りがとても必要になる。そんな力を与えてくれるのが、この本の24〜25ページにある「逆説の10カ条」だ。

この10カ条はビジネスマンにとっての聖書のようだ。A3に拡大コピーして部屋に貼っておくとか、ページにしおりを挟んで枕元に置いておくとか、縮小して手帳に貼っておくようにしてもらいたい。

最初に書いたのは著者のケント・M・キースだけど、マザー・テレサのカルカッタの孤児の家の壁に書かれていた言葉として人から人に受け渡され、広がっていった。

僕も経営者としてスタートしたばかりの頃、この言葉に接したときは、涙があふれたものだ。

黒人として初めて米商工会議所の代表理事になった方にお会いしたときに、その方が引用していたのが「逆説の10カ条」で、その言葉に感動して原書を教えてもらったのがきっかけだった。

たとえば、こんな言葉がある。

「人が本当に助けを必要としていても、実際に助けの手を差し伸べると攻撃されるかもしれない。それでもなお、人を助けなさい」

実際にこれはあることでも、本当に良心からやったことでも、攻撃の対象になる。それでも良心に従わないといけない。

「正直で率直なあり方はあなたを無防備にするだろう。それでもなお、正直で率直なあなたでいなさい」

「人は不合理で、わからず屋で、わがままな存在だ。それでもなお、人を愛しなさい」

原題のサブタイトルには、「Finding Personal Meaning in a Crazy World」とある。この狂った世の中に、人間としての意味を見出そうという呼びかけだ。

本書は、あなたが誇り高く生きるために必要な力を与える源泉になるだろう。

それでもなお、人を愛しなさい
人生の意味を見つけるための逆説の10カ条

ケント・M・キース著、大内博訳／早川書房／定価（本体1200円＋税）／2002年

1968年、当時大学生だった著者が、高校生向けの小冊子に記した「逆説の10カ条」。書いた本人さえも忘れていたそのメッセージは、30年の月日をかけて、口伝やインターネットを介して広まり、世界中で愛される格言となっていた。マザー・テレサも引用したこの至高の処世訓は、「人がこの世界で生きる意味」を発見するための道しるべとなる。

一生役立つ本にめぐりあいたいときに
難しい問題を瞬時に解決し、「最悪の上司を最良の上司にする4つの質問」

恋愛関係について書かれた愛の本。でも、実際にはビジネスにものすごく役立つ。

サブタイトルに「人生を美しく変える四つの質問」とあるけど、この4つの質問が最大のポイント。何しろこの4つの質問をすれば、解決不可能と思われるような問題がすべて解決してしまうのだ。

たとえば先日、中華料理屋でラーメンをすすっていると、隣にいた2人のビジネスマンが会社の上司の批判をしていた。正確には若いほうの社員が文句を言い、先輩が懸命になだめている構図。若い社員は、「あいつは人の話に一切耳を貸さない。俺たちがどれだけやったかを、まったく理解せずに切り捨てる」と一方的にまくしたてているのだ。

が、どう見ても人の話に耳を傾けていないのは若い社員のほうで、先輩の言葉も聞かずにしゃべりまくって人間、自分のことがわからなくても、他人のことはよく見える。それをどうやって自分の学びに変えていくかが、4つの質問のツボだ。試しにこの若い社員に質問してみよう。

①「それは本当ですか?」

上司は一切耳を貸さないというが、本当にゼロなのか。

②「それは絶対に本当ですか?」

「いや、3分は耳を貸した。でも残りの7分は耳を貸さなかった」というなら、3分は聞いてくれたことになる。

③「その考えを信じると、あなたはどうなりますか?」

上司の話に耳を貸さない自分自身の姿に気づくことになる。そして憎んでいた上司は、コミュニケーション能力を成長させてくれる最良の上司だと気づくのだ。

4つの質問は、非常に効率的に、確かな形で自分自身の問題点を自分に教えてくれる。のみならず、自分が絶対に許せないと思っていた相手に心から感謝できるようになる。一生役立つ本としてお薦めです。

話に一切耳を貸さない」のと、どちらが本当なのか。こうして上司の悪口を言っていた若い社員は、人の話に耳を貸さない自分自身の姿に気づくことになる。

この本の4つの質問の最後に、「考え方をひっくり返しましょう」と言う。「私は人の話に一切耳を貸さない」。こうなるかと言うと、どうなるかと言うと、れは「上司が耳を貸さない」

そして4つの質問の最後に、3分は聞いてくれるのなら、3分でより伝えやすいように話をしよう、と考えられる。

④「その考えがなければ、あなたはどういう人になりますか?」

会社を辞めるのか、上司を殴ってしまうのか。

探すのをやめたとき 愛は見つかる
人生を美しく変える四つの質問

バイロン・ケイティ著、水島広子訳／創元社／
定価（本体2200円＋税）／2007年

「人に認められない限り、自分には価値がない」とするのは正しいか？ 本書は、「それは本当か？」「それが本当だと、絶対に言いきることができるか？」「その考えを信じると、あなたはどうなるか？」「その考えがなければ、あなたはどういう人になるか？」という4つの問いを自分に投げかけることによって、思い込みの呪縛から解放されると説く。

ヒット商品の企画書を作りたい人へ
ページをめくるだけで企画力がつく本棚に必ずほしい1冊

与えられた仕事をこなしていく段階から、自分で付加価値を見出していく段階、会社の中でも自立した存在になっていく段階で何が必要になるかと言えば、企画力だ。でも企画を学ぶチャンスは、実は驚くほど少ない。

企画と"思い込み"の違いは、企画が多面的に見ても首尾一貫しているのに対し、思い込みは一面の情報しか提示していないこと。だけど、多面的に物を見るのは経験を積んでいないと難しい。では、どうするか。

ここで役立つのが、企画の神様・高橋憲行先生のこの本。あら不思議、企画力が自然に身についてしまうのだ。

その秘密は、高橋流の企画書フォーマットにある。ビジネスの背景から、必要なリソース、財務的な話、組織、さらに市場がどうなっているか、競合関係は？など、誰もが知りたい項目が、A3用紙1枚の企画フォーマットにすべて折り込まれる。それを見るだけで、一目で企画の全貌がわかるのだ。いまはたいていの人がパワーポイントの作り方から入ってしまうけど、そうすると財務や組織体制が1番後回しになりやすい。背景や趣旨が中心になって、市場環境や競合までをやったところで行き尽きてしまう。販売はどうするのか、資金はどうやって調達するのかまでは、なかなかエネルギーが行き渡らなくなるのだ。

その点、著者のフォーマットは1枚で全部表現しなくてはならないから、逆に手抜きが難しい。パッと見て、手を抜いているところが一目瞭然になってしまうからだ。このフォーマットで企画書を作れば、見落としたところがないかどうかが一目でわかるから、企画をプレゼンするうえでの見落としが非常に少なくなる。パワーポイントで1ページずつ勉強するよりも、まずはこの本で「企画とは何か」を体得してほしい。

それに「大事典」というだけあって、様々なビジネス分野のテーマ事例がぎっしり載っているから、「こんなふうに、この部分を押さえておかなくてはいけないのか」が頭に入りやすい。

だからこの本をパラパラとめくっているだけで、非常に効果がある。また、自分が何かの企画書を書こうということになったときに、同じような事例を見つけるという百科事典的な使い方もできる。

国語辞典を置くように、本棚に必ず置いてほしい1冊だ。

企画書提案書大事典

高橋憲行著／ダイヤモンド社／定価（本体2800円+税）／1999年

企画書本のパイオニアである著者の渾身作。「増販レジスター共同企画提案書」「売上減少対策提案書」「不良在庫処理の提案書」「直販事業進出企画書」など、実際の現場で使われた生の企画書実例が満載。事業企画書、商品企画書、営業企画書などの保存版企画書、提案書フォーム集も多数あり、あらゆる業種で対応可能なノウハウが凝縮。

ダントツ営業マンになりたい人へ
「お客が欲しいというものを売ってはいけない」──営業はヒアリングから

凡人が最強営業マンに変わる魔法のセールストーク

佐藤昌弘著／日本実業出版社／定価（本体1300円＋税）／2003年

「お客が欲しいというものを売ってはいけない」と言う著者が「魔法のセールストークの4ステップ」──①ファースト・マジック・クエスチョン→②マインド・キー・クエスチョン→③お客の要望を整理し、相手に確認→④お客の要望にピッタリの商品・サービス提案を紹介。セールストークと言いながら、実はヒアリングの技術を説いている本。

セールスと言うと、人に対して押し売りをしなければいけない→押し売りのために言葉の表現を巧みにしないといけない→だから説得力を持つために論理的に一貫性を整えなければいけない、と思ってしまう。だけど、論理的に一貫性を整えるまでは企画の段階。

また、社内で企画を通すのもセールスのうちだが、その論理が一貫していて正しいことをやってこなかった」と言われているような気がしてしまうからだ。

「論理的に正しいから」「いい企画だから」通るだろうというのは大きな誤解だ。

それは自分の視点であって、社内の他の社員の視点、顧客の視点に置き換えればお客様、社内顧客の視点ではなく、顧客の視点で物事を表現し直すこと。このパラダイムシフトが、こ

本書の1ページ目は、「お客が欲しいというものを、売ってはいけない」。実はセールスは、まず「ヒアリング」から始まるのだ。

「魔法のセールストーク」へのステップ1は、「今日、○○なわけですが、いまの××に何かご不満でもおありなのですか？」。

たとえば「お客様はいま、弊社にお問合せのお電話をしてくださっているのですが、何か悩まれていることはおありなのでしょうか？」と質問する。

通常は「これを買いなさい」というアプローチだから、8割方は営業マンがしゃべり、お客さんは聞く側に回る。そして聞けば聞くほどフラストレーションが溜まる。

しかしこの本のアプローチはカウ

ンセリングもしくはヒアリングからスタートするから、**お客さんが8割話すことになる**。話を聞いてお客さんが求めていることを理解し、自分が提供できる解決策を提案として示すことになる。だから説得しなくても売れるというわけ。

同様に企画書を出すときも、自分が思ったことを紙にして終わりではなく、対象になる人にまずは話を聞くという作業が必要なのだ。

セールスに関わりのない人でも、これを読めば相手のニーズを聞き出すことがとても上手になるし、そのニーズに対して適切な提案を打ち出すことができるようになる。そういった意味では、「魔法のセールストーク」というよりは「**魔法の聞き方テクニック**」と言えそうだ。

本を読むことで起こるのだ。

その極意は、「説得しなければならない」売り方ではなく、「説得しなくてもいい」売り方をすること。

リーダーシップを発揮したい人へ
いま理解できなくても、枕元に置けばいいことが！

『7つの習慣』（→P48）は非常に優れた本だけど、おそらく7年後により評価されるのはこの本だと思う。僕もある雑誌でコヴィー博士と対談したことがあるけど、そのとき博士が1番言いたかったのは『第8の習慣』なのでは、と感じたものだ。

コヴィー博士は、次の時代は「知恵の時代になる」と言う。その時代に最も重要なのが『第8の習慣』が、「ボイス」つまり「内面の声」を開くこと。内面の声と本当に自分がやりたいこと、自分がこの人生で成すべきこと。ブームや他人の評価に振り回されることなく、本当に自分の内面の声を聞めていく他のメンバーの内面の声を見出すことも非常に大事なことになるのだ。そしてリーダーたる人は、自分だけでなく、プロジェクトを進めていく他のメンバーの内面の声を見出すこともとても重要だという

ると、時代が変わるにつれて価値観がブレてしまう。短期的には効率を上げられても、長期的には続かなくなるからだ。

優れた本だけど、おそらく7年後により評価されるのはこの本だと思う。僕もある雑誌でコヴィー博士と対談したことがあるけど、そのとき博士が1番言いたかったのは『第8の習慣』なのでは、と感じたものだ。確かに難しい本だけど、「理解できなくても読め」というのが僕の考え。とりあえず枕元に置いておくだけでも重宝する。

特にいま20代後半～30代の人は、7年後には30代半ばから40代になり、社会のリーダーとして活躍する立場になる。5年先以降のことはわからないけど、だからこそ長期的に読み立つ本を、この時期に読んでおくことで、真のリーダーになれる。短期的に役立つ本ばかり読んでい

僕自身痛感していることだけど、自分1人では付加価値のある事業はできない。成し遂げるためにはメンバーが集うことが必要で、自分が声をかけていく立場になるなら、そのメンバーを率いていく立場になる。メンバーが本当は何を求めているのか。彼らが可能性を開いていくために、このプロジェクトを通じて何を彼らは知っていくべきなのか。彼らが才能や自分本来の役割を見出していくうえで、リーダーである自分はどんな手伝いができるのか。そういうことを本当に突き詰めていかないと、プロジェクトはなかなかうまくいかない。

この『第8の習慣』が、21世紀型マネジメントの最も重要なポイントだったということが、おそらく今後7、8年かけて明らかになってくる。

将来、リーダーシップを発揮していくことになるみなさんは、ぜひこの本を読んでもらいたい。「まだ難しい」と言う人でも、いずれ読む日のために、常に枕元に置いてほしいのだ。

第8の習慣　「効果」から「偉大」へ

スティーブン・R・コヴィー著、フランクリン・コヴィー・ジャパン株式会社訳／キングベアー出版／定価（本体2500円+税）／2005年

「いつだってできる。遅すぎることはない。私たちは皆自分のボイスを発見できるのだ」と言う著者の新しい時代の新たな習慣。本書ではボイス（内面の声）に注目。それを組織内でフォーカス→実行するプロセスを紹介。トリム・タブ、影響の輪・関心の輪、ビジョン・価値観・戦略の確立の仕方など組織内でのリーダーシップの実践法を解説。DVD付。

（本棚の写真のためテキスト抽出のみ）

上段左側
- SUCCESS MASTERY with NLP FROM NLP COMPREHENSIVE
- THE 22 IMMUTABLE LAWS OF MARKETING
- Management Challenges for the 21st Century
- Best Foot Forw... Z-263-706

上段右側
- THE STREET / ARTHUR LEVITT
- THE BOOK OF INVESTING WISDOM / WILLIAM J. O'NEIL
- THE SUCCESSFUL INVESTOR / Spencer Johnson, M.D.
- ROSABETH MOSS KANTER
- Benjamin Graham
- REMY'S / LONG RUN / SIEGEL

2段目左側
- 図解 よくわかるデータマイニング／石井一夫
- 統計的方法のしくみ
- 入門 統計学
- はじめての S-PLUS / R言語プログラミング／北川原四郎
- ▲時系列解析入門
- 時系列解析と予測／P.J.ブロックウェル、R.A.デービス
- 統計学を拓いた異才たち
- 確率の発想法
- BARRON'S Dictionary of Accounting Terms 英文会計用語辞典 / Joel G. Siegel, Jae K. Shim

2段目右側
- ミクロ経済学 第2版 Microeconomics ／伊藤元重
- 市場のアノマリーと行動ファイナンス／城下賢吾
- 最新 行動ファイナンス入門
- 行動ファイナンス／角田康夫
- 証券市場の新しい考え方／俊野雅司
- 株式投資の新しい挑戦
- 実験経済学 Experimental Economics ／ロス・M・ミラー
- 市場と感情の経済学
- 投資の行動心理学／リチャード・H・セイラー

3段目左側
- 人生に奇跡を起こすノート術
- 超高速勉強法／椋木修三
- USE BOTH SIDES OF YOUR BRAIN / Tony Buzan
- これから論文を書く若者のために
- ロードバイクが一からわかる本
- 心理パラドクス
- 使える！確率的思考
- そろそろ本気で継続力をモノにする！
- 忘れてしまった高校の確率統計を復習する本／豊田秀樹
- 金鉱を掘り当てる統計学
- BARRON'S Dictionary of Accounting Terms

3段目右側
- ライフサイクルイノベーション
- IRRATIONAL EXUBERANCE / ROBERT J. SHILLER
- 投機バブル 根拠なき熱狂
- チューリップ恐慌からインターネット投機へ
- バブルの歴史／エドワード・チャンセラー
- 図解でわかる ランダムウォーク＆行動ファイナンス 理論のすべて／田渕直也
- ストックマーケットテクニック スタディガイド
- 景気予測から始める株式投資入門
- 先物市場のテクニカル分析 決定版／ジョン・J・マーフィー
- 生き残りのディーリング／矢口新
- 敗者のゲーム

4段目左側
- エモーショナルバリュー あなたのチームは
- 日本の人口は減らない
- 心・脳・マーケティング・インタフェース
- マーケティング・ゲーム
- マーケティングの神話
- 「マネ」するマーケティング
- マーケティング22の法則
- マーケティングは嘘を語れ！
- ホイラーの法則

4段目右側
- 世界の統計 2004
- 日本の統計 2004
- NRI 続・変わりゆく日本人
- 使える弁証法
- なぜ投資のプロはサルに負けるのか？
- 東大卒医師が教える科学的 株 投資術
- NEUROSIM ニューラルネットワーク入門
- 金融論の楽々問題演習
- 平成19年試験 証券アナリスト 2次対策
- 基礎からのコーポレート・ファイナンス
- 401kプラン

勝間和代が厳選！
「この本だけは絶対読もう！至高の10冊」

20代前半でこの本に出会って以来、自分の行動の基本書として、いまでも時折読み返しています。

原書は1858年に書かれた古典的名著で、翻訳は物理学者の竹内均先生。当時、私は竹内先生の著書を片っ端から読んでいたので、その流れで手に取りました。

これは歴史の授業でも習った『西国立志編』の現代語訳なのだと気づきました。

書かれているのは本当に基本的なことで、「天は自ら助くる者を助く」という言葉について、忍耐の必要性や時間の知恵、お金の知恵などが丁寧に説明されています。

「自分の人生は自分の手でしか開けない」「人に頼ってはいけない」「楽をする前に汗をかけ」「金は人格なり」など、どれも

当たり前のことですが、日々の仕事に埋もれがちだった当時の私にとっては、決して当たり前のことではありませんでした。こうした耳に痛いことは、誰も面と向かっては教えてくれませんから。

この本を読んだことで、私は努力することは決してカッコ悪いことではないのだ、日々の少しずつの仕事の積み重ね、努力の積み重ねが人生を決めていくのだということに気づきました。

また、当時はわからなくても、年齢や経験を重ねていくことで、ようやく理解できることがあります。

たとえば、私が大好きな「時間にルーズな人間は成功の知恵に乗り遅れる」「実務能力なき人に成功なし」といった言葉は、社会人としての経験を重ねることで、ようや

く実感できるものです。いろいろな局面で壁にぶつかったときに、この本に書かれていたことが思い起こされる、そんな本だと思います。

挙げられている事例は非常に古い歴史的なものですが、自分の目指すべき姿を見つけてくれるので、後は努力次第。

ここに書かれていることの8割を実行できれば、成功しないほうが難しいのでは? という本です。

できれば20代前半のうちには読んでおくべきですが、上の世代の方でも、読んでみればまた新たな気づきがあると思います。

また、同じ著者の『向上心』(三笠書房)も、併せて読むことをお薦

めします。

王道となる行動を知りたいときに
この本の8割実行できれば、成功しないほうがおかしい

スマイルズの世界的名著
自助論

サミュエル・スマイルズ著、竹内均訳/三笠書房/定価(本体533円+税)/2002年

1858年の原書発売以来、世界数十か国の人々の向上意欲をかきたて、希望の光を与えてきた古典的名著。ニュートンやシェークスピア、ガリレオ・ガリレイなど、有名無名を問わず、様々な分野で活躍し、成功を収めた人々の言葉やエピソードを挙げ、自助独立の精神の重要性を訴えている。ちなみに日本に初めて紹介したのは、福沢諭吉。

詩的な美しい表現が心にしみ入る誰もが味わうべき名著

「美しい言葉」で自分の精神を顧みたいときに

1902年に書かれた古典で、書かれたときから著者のジェームズ・アレンが著作権フリーにしたために、これまで何回も手を替え品を替え翻訳されてきました。私が初めて読んだのは20代半ばで、当時のタイトルは『考えるヒント 生きるヒント』(ごま書房)でした。その後、『「原因」と「結果」の法則』と改題され、ベストセラーになりました。

英文のタイトル『As a Man Thinketh』を直訳すると「人は考えるとおりになる」の意味ですが、内容はまさにこの題名そのものとてもシンプルなもの。ひと言で言うと、「自分の思いが自分と自分の周囲を作る」ということです。

私がこの本を読んで感動したのは、その言葉の「美しさ」です。

表現がとても詩的で、文章がスッと心にしみ入ってきます。「あなたの環境は、あなたの心を映す万華鏡です」という言葉があったり、自分の心を庭や植物、花などにたとえて語ったりしていて、その比喩がすごくきれいなのです。

心をどのようにコントロールすればいいのか、秩序というものがどのくらい美しいか。そうした深い思いが、どれくらい将来にわたって精神的な満足感をもたらしてくれるのか。この本を読んだことで、私自身の心の持ち方や行動も変わりました。

「自分を清廉潔白に保つことが、自分の心や自分の環境を作っていくのだ」という理解が深まり、汚い言葉を使わないようにしよう、汚い考え方をしないようにしようと心がけてください。

私は英語のオーディオブックでも聞きましたが、原書の英語もとてもきれいですので、ぜひ原書にも挑戦してみてください。

ようになりました。「自助論」と同じように、『自助論』と同じように、若いときには読めなかったことが、5年後、10年後に読み返すと、「ああ、このことだったのか」と理解できる、まさに10年後の本棚に残しておきたい本の1冊です。

「原因」と「結果」の法則

ジェームズ・アレン著、坂本貢一訳／サンマーク出版／
定価(本体1200円+税)／2003年

ほぼ1世紀前の1902年に書かれた啓発書のルーツであり、カーネギーら自己啓発作家の多くに影響を与えた書。そして、いまなお世界中で読み続けられているロングセラー。現実がままならないのは、環境のせいではなくすべて悪しき思いによるもので、結果としての成功も失敗も、原因は必ず人間の心の奥底にある支配的な思いにあると説く。

7つの習慣
成功には原則があった！

スティーブン・R・コヴィー著、ジェームス・スキナー＋川西茂訳／キングベアー出版／定価（本体1942円＋税）／1996年

人生の扉を開く７つの習慣――①主体性を発揮する、②目的を持って始める、③重要事項を優先される、④Win Winを考える、⑤理解してから理解される、⑥相乗効果を発揮する、⑦刃を研ぐ、で成功の原則を説く。全世界1500万部の永遠の人間学。人生における目的と方向性の発見、人間本来の暖かさの回復など、普遍の真理を説く。

日常生活の隅々までわたる、よい習慣を身につけたいときに
受験生みたいに全部暗記しました

この本のおかげで、私の頭の中でモヤモヤしていた「正しい習慣」への考えがフレームワークとして明確にまとまりました。

７つの習慣とは、依存状態から自立状態になるために、①主体性を発揮する、②目的を持って始める、③重要事項を優先する。自立状態から相互依存状態になるために、④Win Winを考える、⑤理解してから理解される、⑥相乗効果を発揮する。すべてを習慣として高めるために、⑦刃を研ぐ、です。

最初のほうの項目は簡単なのですが、次第に複雑に、奥深い言葉になっていきます。そこで私は受験生のように７つの習慣を全部暗記し、言葉で言えるようにしました。無意識で実践できるように、何か困ったときにすぐに思い出せるようにするためです。

さらにはフランクリン・コヴィー社の「７つの習慣」の実践支援ツールである「フランクリン・プランナー」まで購入し、2006年に自分の手帳を作るまでずっと使っていました。このツールに従って目標を立て、「自分の葬式時に、（弔問客に）どんなことを言ってほしいか」などの項目もすべて手帳に書き入れました。

手帳に書くことによって、常に見直す習慣がつきます。習慣とは「知識とスキルとやる気」の集合体。まさにそのとおりです。

私が特に好きなのが「影響の輪」のエピソードです。この本のP104～105の図（→上図）のように、反応的な人は関心の輪に集中してしまい、他人の欠点や周囲の環境、自分のコントロールの及ばない状況に集中し、人のせいにしたり、被害者意識を持ってしまいます。主体的な人は努力と時間を影響の輪に集中させ、自分が影響できる事柄に働きかけます。より積極的に自らの影響力を広げていこうと思う人にとって、この影響の輪を理解し実践することは必須でしょう。

まだ読んでいない方は、いま何歳であろうとできるだけ早く読むべき本です。さらに上司の立場の方は、自分が読むだけでなく、部下の方にも薦めていただきたい1冊です。

反応的な生き方

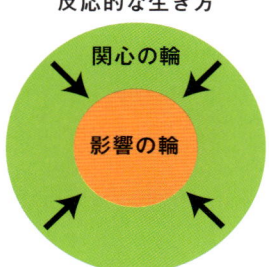

反応的な人は、自分のコントロールできない事柄（関心の輪）に集中することにより、消極的なエネルギーを生み出し、影響の輪を縮める。

主体的な生き方

主体的な人は、自分のコントロールできる事柄（影響の輪）に集中することにより、積極的なエネルギーを生み出し、それによって影響の輪を拡大する。

出所：『７つの習慣』

「ヒットする商品の仕組み」を知りたいあなたに
膨大な調査によって作られた価値あるフレームワーク

文庫化されたときにタイトルが変わりました。私はアメリカで流行り始めたときに「売れているから、とりあえず原書を購入してみよう」と軽い気持ちで原書を購入したのですが、本当にわかりやすくて面白い本でした。

アメリカの書店では心理学やマーケティングの棚の他、いまでもベストセラーコーナーに置かれています。こうした名著が書店で長く売られ続けるのが、アメリカのいいところです。

原題の「ティッピング・ポイント」とは、核物理学で言う臨界質量、あるいは沸騰点などを意味する言葉で、アメリカでは1970年代に、比較的古い町に住む白人の市外への脱出を指す言葉として広まりました。ある特定の都市区域に住み着いたアフリカ系アメリカ人の数がある一定数に達すると、その地域に残っていた白人がほぼ一斉に町から出て行くようになる。その現象を社会学者が「町が傾く（ティップ）」と称したのです。

同様に、ある製品が突然爆発的に売れ始めたり、それまで知られていなかった本が一躍ベストセラーになったり、メッセージや行動が急速に広がったりする沸騰点のようなものがティッピング・ポイントで、それは伝染病のようなものとして考えるのが1番だと著者は言います。発想そのものは単純ですが、マルコム・グラッドウェルが優れているのは、膨大な調査をしたうえでフレームワークを作り、俯瞰している効果がありました。

マーケティングに関わっている人はもちろんですが、自分が行っていることの影響をもっとうまく広げたいという方には必読の書です。

て、流行るものを作り出そうとするときには、このフレームワークを投写すればいいのですから、とても役立ちます。

私自身、仕事の中でマーケティング的な要素が必要なときには、本書にある**少数者の法則、粘りの要素、背景の力**という「爆発的感染の3原則」の3つの要件を考える習慣がついています。

良書の定義とは、その本を読むことで、自分の行動や思考パターンがよりよい方向に変わるかどうかだと思います。その意味で、本書は「思考パターン」をよい方向に向けてくれる効果がありました。

急に売れ始めるにはワケがある
ネットワーク理論が明らかにする口コミの法則

マルコム・グラッドウェル著、高橋啓訳／ソフトバンククリエイティブ／定価（本体780円＋税）／2007年

原書は2000年刊行ながら、現在もベストセラー・ランキングの上位をキープする超ベストセラー。「あるアイディアや流行もしくは社会的行動が、敷居を越えて一気に流れ出し、野火のように広がる」メカニズムを、ニューヨークの犯罪率、子ども番組の『セサミ・ストリート』、独立戦争、様々な商品の売れ方などの多彩な例をもとに明らかにする。

自分の才能を企業で最大限活かす指針として
企業にも個人にも応用可能なGREATに移行するための法則

タイトルを見ると、大ベストセラーとなった『ビジョナリーカンパニー』（→P94）の続編のようですが、内容はやや異なります。原題の『GOOD TO GREAT』のほうが理解しやすいでしょう。アメリカのビジネスパーソンの間では常識と言えるほど広く読まれていて、『GOOD TO GREAT』にはこう書いてあったよね」というように、会話の中で明快な概念にまとめ、これをすべての活動の指針にしていることが当たり前のように出てきます。

平均よりちょっといい状態（GOOD）から卓越した存在（GREAT）になるにはどうすればいいのか。どの企業もGREATになることを目指してがんばっているわけですが、なかなかGOODの状態から抜け出すことができません。

では、GREATになれる要件とは何なのか。飛躍を遂げた11社に対して1万5000時間に及ぶ調査を実施し、GOODからGREATに移行するための「法則」を導き出したのがこの本です。

ポイントは、「情熱を持って取り組めるもの」「自社が世界一になれる部分」「経済的原動力になるもの」の3つの主要な側面を理解し、単純で明快な概念にまとめ、これをすべての活動の指針にしていること。そしてその3つを重ねて、それ以外のことはやめてしまう。これが「針鼠の概念」です。

この概念は企業にだけ当てはまるものではありません。私は「自分がやっていて、好循環を起こすかなど、非常に参考になる内容がたくさん詰まっています。やりたい」と思っていて、「得意で、「儲かるもの」と言っているのですが、なる内容がたくさん詰まっています。

その他にも、システムを管理する「規律の文化」の必要性や、技術についてどう考えるか、好循環を起こすかなど、非常に参考になる内容がたくさん詰まっています。

自分自身の仕事や行動の選択にも応用可能です。

私の場合、仕事の100％ではありませんが、7割方は経済的にインセンティブのあるものに絞って特化するようにしています。そうすれば、残りの3割は興味本位で仕事ができるようになるからです。

また、「何をすべきか」を決める前に、まず「誰を選ぶか（誰をバスに乗せるか）」が重要だということも、私自身、以前から言い続けてきたことでした。本当に仕事は8割方誰を選ぶかで決まるものです。この本によって、そのことを確認できたのも意味のあることでした。

ビジョナリーカンパニー 2
飛躍の法則

ジェームズ・C・コリンズ著、山岡洋一訳／日経BP社／定価（本体2200円＋税）／2001年

「どうすれば、グッド・カンパニーはグレート・カンパニーになれるのか」。『ビジョナリーカンパニー』の著者の1人であるジェームズ・C・コリンズが、膨大な時間をかけて、グッドからグレートへ飛躍した企業11社を見つけ出し、さらにライバル企業との詳細な比較検討などから、偉大な企業に共通して見られる法則を明らかにする。

自分が幸せに生きるためには、自分がやりたいことをやったほうがいいのは言うまでもありません。私はに、人間の持っている34パターンの「強みとなりうる資質」を抽出。その34の強みについて細かく分析し、強みの活かし方を紹介しています。

これまでこうした本がなかったのは、統計を取るのが非常に手間がかかるからでしょう。本書の調査・分析も、ギャラップ社の企業向けのサービスとして行われているもので、法人向けのコーチングに使用されています。その一部を個人向けに切り取ったのがこの本です。

テストでは34のうち、自分が持っている5つの強みが診断されます。私はこの診断テストに加えて、ギャラップ社のコーチをしている方に、私の5つの強みを合わせたときの行動パターンについて、俯瞰して診断してもらいました。

ちなみに私の場合、向上心を示す「最上思考」と「学習欲」と「着想」と「活発性」が同時に強く、これは珍しいパターンだそうです。そう指摘されて自分の強みがわかると、自分の好みや行動パターンにも得心できます。逆に自分の弱点がわかれば、それを補うような人と一緒に仕事をするとか、サポートシステムを作るなど、弱点ともうまく折り合っていけるようになるのです。

この本のミソは、カバーの裏側にID番号がプリントされていて、この番号があればウェブサイトにアクセスでき、無料で診断テストが受けられるところです。自分の強みが何かわかると、これから自分の強みをどうしたらビジネスに活かすことができるかを具体的に詳しく解説。

「才能の最大化」と呼びますが、強みをなるべく活かすような人生にしたほうがいいというのは、当然だと思います。ところが、自分の強みとは何なのかが、普通はなかなかわかりません。

強みを中心に人生を組み立てている人はたった2割で、8割は弱みを中心に人生を組み立てているので不幸なのだと著者は言います。その理由は、「人は誰でもほとんどすべてのことにおいて、能力を発揮することができる」「誰にとっても最も成長の余地があるのは、その人の1番弱い分野である」という2つの間違った認識に基づいているからです。

では、自分の強みはどこにあるのか。それを知るうえで非常に有効なのがこの本なのです。ギャラップ社が過去30年にわたって行ってきた社員やマネジャーに対する膨大なインタビューをもと

さあ、才能に目覚めよう
あなたの5つの強みを見出し、活かす

マーカス・バッキンガム＋ドナルド・O・クリフトン著、田口俊樹訳／日本経済新聞出版社／定価（本体1600円＋税）／2001年

従業員がそれぞれの強みを発揮できれば、企業が揺るぎない存在になることは明らかである。本書は、ギャラップ社が「強み」をテーマとして200万人強の人たちにインタビューした結果に基づき、自分の強みは何か、その強みはどうすれば見つけられるか、そしてその強みをどうしたらビジネスに活かすことができるかを具体的に詳しく解説。

自分の強みが何か知りたい人に
自分の強みを知ることが「才能の最大化」につながる

人間この信じやすきもの
迷信・誤信はどうして生まれるか

T・ギロビッチ著、守一雄＋守秀子訳／新曜社／定価（本体2900円＋税）／1993年

前後関係と因果関係を取り違える、ランダムデータに規則性を読み取る、期待しすぎて事実を歪めて解釈する、とかく人間は誤りやすく信じやすい。そんな人間心理について、いったいなぜ迷信・誤信を抱くのかを、日常生活の数々の実例を用いて分析・整理。また、最終章にて誤信を持たないための方策を指南している。

いかに私たちの考えが歪んでいるのか、知るために
人間の認識の歪みがわかる
―私なら3万円でもこの本は「買い」

世の中には、迷信や誤信があふれています。実際には他に原因があるのに、なぜまったく違う因果関係を作ってしまうのか。ランダムに起こっていることに対して、なぜ因果関係を見出してしまうのか。人間がしてしまう思い込みとその原因について、学術的に研究しているのがこの本です。

たとえば、プロ野球の世界に「2年目のジンクス」という言葉があります。新人王を獲得した選手は、なぜか翌年にあまり活躍しない傾向がある。それをジンクスと呼ぶわけですが、実は単純に1年目が「まぐれ」だったからにすぎません。たまたま調子のいいときが新人の年だっただけで、調子がいい時期の後に調子の悪い時期が来るのは当然のことです。

また、2、3人の友人が言っているだけなのに「みんながそう言っている」となるのも、ありがちな話でしょう。

しかし、人間はこうした迷信・誤信をするのが普通で、基本的には思い込みで物事を見てしまうものだと著者は言います。1度先入観を持ってしまうとそれに逆らえません。「選択的認知」と言いますが、ほしい情報しか目や耳に入らず、自分の考えに合致する情報を過大評価してしまいます。人の意見を「自分と同じだ」と思い込みたがるのです。

アメリカ人の場合、70％の人が「自分は平均以上」と思っていて、そのうち上位60％の人が「上位10％以内」、25％が「上位1％に入っている」と思っている。また大学教授の94％が「自分は同僚より有能である」と思っていますから、人間はいかに自分を過大評価してしまうかということです。

自分がいかに間違った認識で世の中を見ているか。そのことを理解しているか否かで、自分に対する理解や判断の仕方も大きく変わると思います。歪んだ鏡がある場合、どう歪んでいるのかを知っていれば、自分の真の姿を映しやすくなるのと同じです。

私はこの本は3日くらいかけてじっくり読みました。本体価格は2900円（税抜）ですが、私なら3万円でも「買い」です。

この本を読めば、詐欺師たちがど

"自分自身のブルー・オーシャン"を見つけたい人へ

最高の戦略は競争せずにすむこと。自分の人生を組み立てるのも「経営」です

減らす
業界標準と比べて思い切り減らすべき要素は何か

取り除く
業界常識として製品やサービスに備わっている要素のうち、取り除くべきものは何か

新しい価値曲線

付け加える
業界でこれまで提供されていない、今後付け加えるべき要素は何か

増やす
業界基準と比べて大胆に増やすべき要素は何か

出所：『ブルー・オーシャン戦略』

ブルー・オーシャン戦略とは、簡単に言うと「競争のない市場空間を切り開け」ということ。既存市場で競争せず、まったく新しい「ブルー・オーシャン」に船出する。決してニッチではない「王道」なのだけれど、みんなが気づいていない市場。消費者、ユーザーが求めているのに、企業が提供していないものは何かを真剣に考え抜いて、そこにリソースをフォーカスしなさいということです。

企業はよりよいことを突き詰めていくほど、競争の激しい「レッド・オーシャン」にはまってしまう。レッド・オーシャンで既存の需要を奪い合うのではなく、新しい需要をどんどん掘り起こせばいいというのが、この本の発想なのです。

ブルー・オーシャン戦略は、経営やマーケティングのみならず、常日頃の自分自身の仕事の選択や行動の取り方にも使えます。企業での業務だけでなく、**自分自身の人生を組み立てることも経営**です。ぜひみなさんも、**自分自身のブルー・オーシャンを見つけてください**。

ブルー・オーシャン戦略
競争のない世界を創造する

W・チャン・キム＋レネ・モボルニュ著、有賀裕子訳／ランダムハウス講談社／定価（本体1900円＋税）／2005年

企業間の戦いでは様々な戦略が駆使される。しかし同一市場で争う限り、いかに優れた戦略でもいずれは消耗戦に陥る。本書は、血みどろの戦いが繰り広げられる既存市場（レッド・オーシャン）を脱し、競争自体を無意味化する未開拓市場（ブルー・オーシャン）を創造せよと主張する。「新市場創出の戦略」を初めて提示した画期的な書。

具体的には、価値曲線を作るために「減らす」「増やす」「取り除く」「付け加える」の4つのアクション（→上図）を起こすことが重要だと言い、どうやればいいのかについても事例をたくさん載せています。それが「事例ばかり」との批評にもつながるのですが、私は新しい戦略を考えたい人にとっては、バイブルの本だと思っています。

私自身、普段自分で戦略を考えるときには、「自分をなるべく競争しなくていいポジションに移すにはどうすればいいか」とばかり考えています。マッキンゼー時代から「**最高の戦略は、競争せずにすむこと**」とさんざん教わってきましたが、この本に出合うことでその正しさが再確認できました。

優秀な企業の正しい行動が間違った結果になる理由を知りたい人へ

なぜイノベーションは起きないのか。解を求め続ける苦しみの中で出合った1冊

仕事は解答が出なければ収入になりません。解を求めて苦しみ続け、夜中まで考え込む日々の中から見出したのが、この本でした。

また、私にとって印象深いのは、初めて英語のオーディオブックを買ったのがこの本だったことです。ニューヨークに長く在住している日本人の友人に、帰りの飛行機の中で読むのにいい本はないかと聞かれとさにこの洋書を薦めたのですが、「帰ってからオーディオブックで買うわ」と言われました。当時の私にはまだオーディオブックを聞く習慣がなかったので、「こんな専門書のオーディオブックも出ているの？」と驚いてしまいました。これをきっかけに、様々な本のオーディオブックを聞くようになったのです。

本書はもっぱら問題提起で、解決策については少し触れられているだけですが、解決策については続編の『イ

優秀な企業が、正しいことを行えば行うほど失敗してしまうのはなぜか。それは既存の製品やサービスを一所懸命改良したり、スペックを高めていこうとすればするほど、ユーザーの求めている以上のものを提供してしまう。つまり市場を「追い抜いてしまう」からです。

この状態を「オーバースペック」と言い、企業は市場を追い抜いてしまわないよう気を遣わなければいけません。私が以前からコンサルティングの中で言ってきたことですが、それをきれいに実証してくれたのがこの本でした。

携帯電話などはその典型で、競争が激しくなるにつれてわけのわからない機能がゴチャゴチャついて、ユーザーの求めているものから離れてしまう。そこにiPhoneのような革新的な製品が登場して、市場が破壊されてしまいます。

それでも技術が持続的になっている企業は破壊的なイノベーションを採用できません。なぜなら技術を培ってきた従業員がいますし、それまで巨額の投資を積み重ねているので、一気に仕組みを変えることができないのです。

イノベーションの方法を書いてある本はたくさんありますが、イノベーションがなぜ起きないのかを、科学的に証明してくれているのはこの本だけだと思います。

私はコンサルタントとして企業のいろいろな苦労を見て、一緒に苦しんできました。お客さんは社員ですが、私の

ノベーションへの解——利益ある成長に向けて』（翔泳社）に書かれているので、ぜひそちらもお読みください。

増補改訂版
イノベーションのジレンマ
技術革新が巨大企業を滅ぼすとき

クレイトン・クリステンセン著、玉田俊平太監修、伊豆原弓訳／翔泳社／定価（本体2000円＋税）／2001年

既存ビジネスを覆すような革新的技術や製品（破壊的イノベーション）がもたらす影響を分析した書。多くのトップ企業は、過去の成功体験に基づいた合理的で正当な企業戦略を展開する。だが、それゆえに破壊的イノベーションには対処できず、市場の主導権を失ってしまう。このジレンマの構造を解明し、いかに克服すべきかまでを示す。

誘惑される意志
人はなぜ自滅的行動をするのか

ジョージ・エインズリー著、山形浩生訳／NTT出版／定価（本体2800円＋税）／2006年

人は自分が後悔するとわかっている行動を選んでしまうことがある。その誘惑に負けたらどういう結果になるかわかっているにもかかわらず、それはなぜか？ 本書は、目先の欲望に支配されてしまう人間の本質を「双曲割引」の概念によって解明し、人間の意志の根源、さらには人間の本質に迫る。自分の意思決定を冷静に見つめ直すための好著。

いうこと。人間が目の前にある誘惑を我慢できない仕組みと、我慢できないからこそ突発的なことをしてしまうことについて、連続して書かれています。

この本の51ページの指数割引曲線（→下図）で表されるように、手に入る直前になるとそれがとても魅力的に見えてきます。太ることがわかっているのに食べてしまったり、体に悪いと知りつつもタバコを吸ってしまうのも同様で、人間というのはかくも歪んだ形で価値を計算し、損をしているのです。

ただし、この双曲割引も実は訓練次第で割引率を下げることが可能で、次第に目の前の誘惑に負けなくなってきます。成功体験から学んでいくにつれ、自分にルールを作ることで行動をコントロールし、双曲割引で損をするように動くのを制御できるようになるのです。

こうした人間の性質を知っておくことは、ビジネスにも応用が可能です。たとえば「将来いいことがありますよ」と言うだけでは商品やサー

ビスは売れないので、目の前に「どう読むのが難しくても、目の前に「どれだけ誘惑を我慢できないことがあるか」をわかりやすく示してあげることが必要だということがわかります。

内容はかなり難解で、心理学や経済学を理解していないと読むのが辛いと思いますが、ある程度本を読みこなしていくうちに、あるとき、このクラスの本が苦痛なく読めるようになります。20代、30代の人はいまえ方を大きく変える力があります。これだけの価値のある本がたった2800円（税抜）で購入できることのほうが、私にとっては衝撃なのでしょう。

定価が高いと感じる人もいるかもしれませんが、この本には行動や考え方を大きく変える力があります。これだけの価値のある本がたった2800円（税抜）で購入できることのほうが、私にとっては衝撃なのでしょう。

として購入し、書棚に置いておくのもいいでしょう。

かなりマニアックな本で、双曲割引という構造経済上の概念について、1冊丸々費やしているのは画期的です。

双曲割引を簡単に説明すると、「人間は10日後にいいことがあっても、明日の欲望を我慢できない」と

なぜ、「自分の意志が弱いか」と悩んでいる人へ
目の前にある誘惑を我慢できない人間の性質。難解でも、いずれは読みたい「目標本」

↑価値　時間→

同じ報酬に対する、指数型の割引曲線と双曲型（もっとしなった）曲線。時間がたつにつれて（横軸を右方向に進むにつれて）、被験者の目的が持つ動機的なインパクト―価値―はその割引前の大きさ（垂直線が示したもの）に近づく。

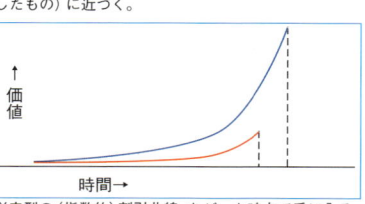

↑価値　時間→

従来型の（指数的）割引曲線。ちがった時点で手に入る、大きさのちがう報酬を検討すると、被験者が早めの報酬と遅い報酬とをいつの時点で比較検討しても、その値はその客観的な大きさに比例している。

↑価値　時間→

ちがった時点で手に入る、大きさの違う報酬を双曲型割引曲線で見たもの。手に入る直前になると、小さい報酬のほうが一時的に魅力的に思えるようになる。これは後の大きな報酬の曲線よりも、先の小さな報酬の最後の部分が一時的に上にきていることからわかる。

出所：「誘惑される意志」

Top shelf (left section)

- SUCCESS MASTERY with NLP — FROM NLP COMPREHENSIVE
- THE 22 IMMUTABLE LAWS OF MARKETING
- PETER F. DRUCKER — Management Challenges for the 21st Century
- Best Foot Forward
- Z-263-706
- CAS 302.12 DIMIT

Top shelf (right section)

- ...THE STREET — ARTHUR LEVITT
- THE BOOK OF INVESTING WISDOM
- ...SUCCESSFUL INVESTOR — WILLIAM J. O'NEIL
- ...ve! — Spencer Johnson, M.D.
- MIHALY CSIKSZENTMIHALYI
- ROSABETH MOSS KANTER
- Nightingale Conant
- ...Precut
- ...ster
- JEREMY J. SIEGEL — for the LONG RUN
- Benjamin Graham

2nd shelf (left section)

- 図解 よくわかるデータマイニングのしくみ 石井一夫
- 統計的方法のしくみ 正しく理解するための30の急所 永田靖
- 科学のための数学入門30講 木下栄造
- 入門 時系列統計学
- ▲S-PLUS/R言語プログラミング 改訂2版 CD-ROM 北川源四郎
- はじめての時系列解析入門 P.J.ブロックウェル R.A.デービス 著／田中昭夫 訳
- INTRODUCTION TO TIME SERIES AND FORECASTING Second Edition
- 統計学を拓いた異才たち
- 確率的発想法 小島寛之
- Effect 経験則から科学へ進展した世紀 金融市場予測の科学 保江邦和
- BARRON'S Dictionary of Accounting Terms / 英文会計用語辞典 Joel G. Siegel, Jae K. Shim 堀江正博

2nd shelf (right section)

- ミクロ経済学 第2版 Microeconomics 伊藤元重 著
- 市場のアノマリーと行動ファイナンス 城下賢吾 著
- 最新 行動ファイナンス入門
- 行動ファイナンス ヨアヒム・ゴールドベルグ／リュディガー・フォン・ニーチェ 著 真壁昭夫 訳
- 証券市場と行動ファイナンス 俊野雅司
- 株式投資の新しい考え方
- 実験経済学入門 完璧な金融市場への挑戦 ロス・M・ミラー
- 投資の行動心理学
- 市場と感情の経済学
- バブルで暴落も、机上で再現できた リチャード・H・セイラー
- 小玉と...

3rd shelf (left section)

- 図解 人生に奇跡を起こすノート術 椋木修三
- 超高速勉強法 ヒラリーとライス 脳の仕組みと科学的勉強法 岸本裕紀子
- USE BOTH SIDES OF YOUR BRAIN Tony Buzan
- これから論文を書く若者のために 大改訂増補版 酒井聡樹
- 社会科学系大学院生のための研究の進め方 人文書院
- ロードバイクが一からわかる本
- 心理パラドクス 三浦俊彦
- 自転車で痩せた人
- 使える! 確率的思考 小島寛之
- そろそろ本気で継続力をモノにする! 大橋悦夫
- 忘れてしまった高校の確率統計を復習する本 湯浅弘一
- 金鉱を掘り当てる統計学 豊田秀樹
- BARRON'S Dictionary of Accounting Terms

3rd shelf (right section)

- ライフサイクルイノベーション
- IRRATIONAL EXUBERANCE ROBERT J. SHILLER
- 投機バブル 根拠なき熱狂 ロバート・J・シラー 著 植草一秀 訳
- 図解でわかるチューリップ恐慌からインターネット投機へ バブルの歴史 エドワード・チャンセラー
- 行動ファイナンス 理論のすべて
- ランダムウォーク&行動ファイナンス 田渕直也
- 最新 市場のテクニカル分析 スタディガイド ストックマーケット・テクニック 株式投資入門
- 景気予測から始める株式投資入門
- 先物市場のテクニカル分析 決定版
- 生き残りのディーリング ジャック・D・シュワッガー 矢口新
- 敗者のゲーム なぜ資産運用に勝てないのか チャールズ・エリス 新版 Millennium Edition 鹿毛雄二 訳
- 株で勝つ! [新版] 土屋安衛 訳

Bottom shelf (left section)

- あなたのチームを エモーショナル・バリュー
- 日本の人口は減らない
- 心脳マーケティング
- マーケティング・インタフェース
- BEST SOLUTION マーケティング・ゲーム 世界的優良企業に学ぶ勝つための原則
- マーケティングの神話
- 売れるマーケター/売れないマーケター これからの10年 団塊ジュニア1400万人がコア市場になる!
- マーケティング22の法則
- S マネーするマーケティング
- マーケティングは嘘を語れ!
- ホイラーの法則

Bottom shelf (right section)

- 世界の統計
- 日本の統計 2004
- NRI 続・変わりゆく日本人
- 使える弁証法
- なぜ投資のプロはサルに負けるのか
- 東大卒医師が教える科学的株投資術
- NEUROSIM ニューラルネットワーク入門
- 金融論の楽々問題演習
- 平成19年度版 証券アナリスト 2次対策
- 基礎からのコーポレート・ファイナンス
- 売られ続ける日本、買い漁るアメリカ 401kプランの確定拠出年金のすべて

神田昌典が語る

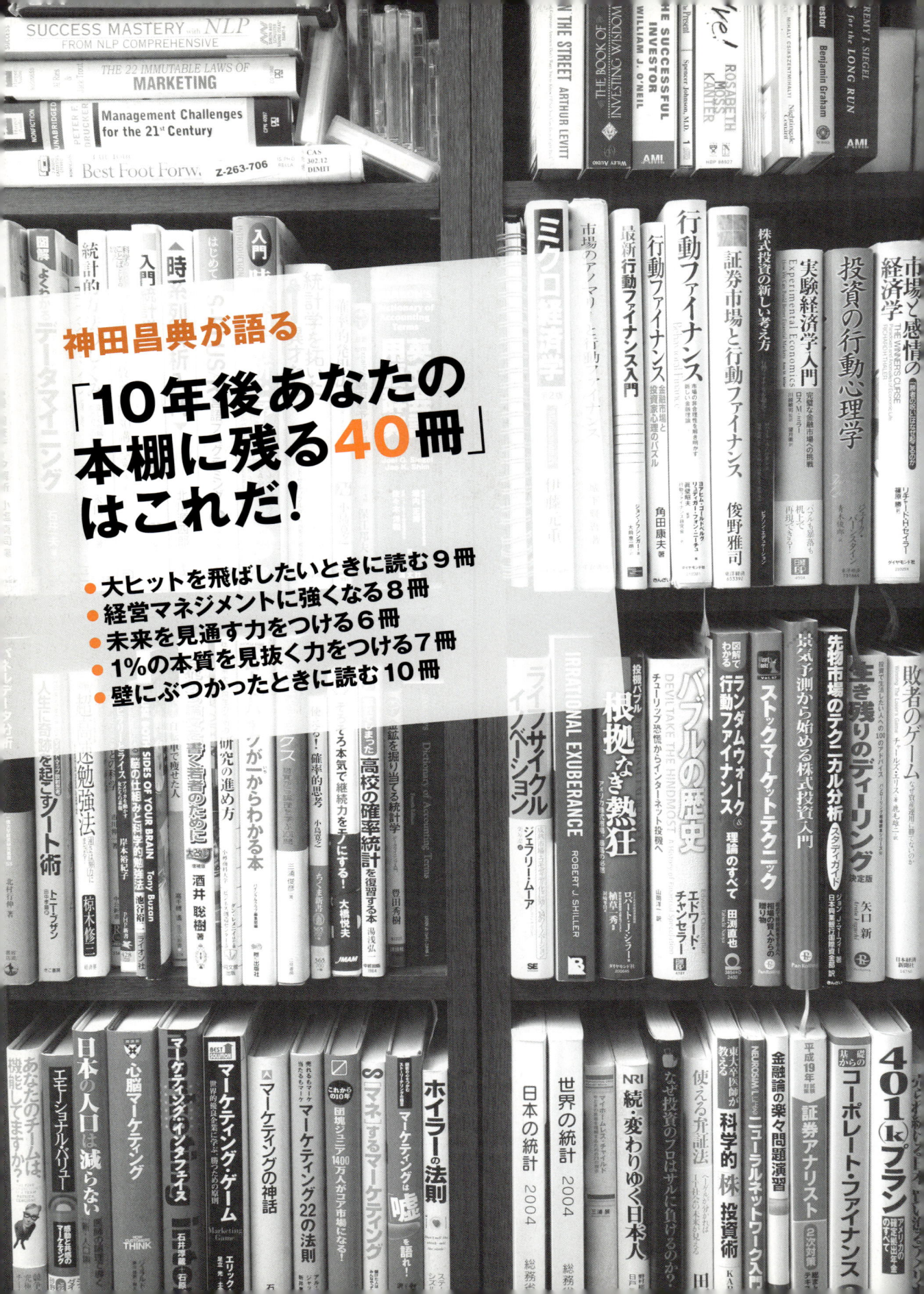

「10年後あなたの本棚に残る40冊」はこれだ！

- 大ヒットを飛ばしたいときに読む9冊
- 経営マネジメントに強くなる8冊
- 未来を見通す力をつける6冊
- 1％の本質を見抜く力をつける7冊
- 壁にぶつかったときに読む10冊

ザ・コピーライティング
心の琴線にふれる言葉の法則

大ヒット 1

76年読み継がれ、数兆円の価値を生んだ言葉の法則

ジョン・ケープルズ著、神田昌典監訳、齋藤慎子+依田卓巳訳／定価（本体3200円＋税）／ダイヤモンド社／2008年

「広告の父」デビッド・オグルヴィが「私も本書で学んだ。いままでで1番役に立つ広告の本だ」と言う、76年読み継がれてきた伝説のバイブル。米広告業界で58年活躍した伝説的コピーライターの著者が、テストを繰り返し、効果を検証する「科学的広告」の原理原則と、「言葉が富を産む」成功例と失敗例を交えた実践的コピーが満載。

通販で何よりも大切なのは言葉。言葉だけで売上が決まってしまう業界だ。それだけに、通販業界にはどんな言葉がどれだけの購買をもたらしたかのデータがずっと蓄積されている。特にアメリカの国土は広いから、通販が古くから発達し、その蓄積は膨大なものがある。

蓄積されてきた結果は、いわゆるダイレクトレスポンス・マーケティングの本にまとめられているのだが、中でも**最も代表的なのがこの本**だ。

ジョン・ケープルズは、次に出てくるジョセフ・シュガーマンよりもさらに古く、1920年代から活躍し始めた人で、こちらも伝説の神様。本書に掲載されているコピーだけで、**数兆円規模のお金**を世界に生み出しているかもしれない。

古典的な本でありながらも、ネット社会にも通用するバイブル的存在。自分が「これは世の中に対して価値を生む」と考えたサービスを広く伝えていくためには、この本と次のジョセフ・シュガーマンの本は必須なのだ。

シュガーマンのマーケティング30の法則
お客がモノを買ってしまう心理的トリガーとは

大ヒット

お客の購買スイッチを押す「心理的トリガー」とは

ジョセフ・シュガーマン著、佐藤昌弘監訳、石原薫訳／定価（本体1600円＋税）／フォレスト出版／2006年

著者が「物語」と呼ぶエピソードや経験談を交えたマーケティング書。臭いもののフタは開けろ、No.1テレビセールスマンの秘密、悪魔は理屈に棲んでいる、サルでもできる脳外科手術、全国世捨て人会議、几帳面は得をする、初対面でベッドイン、見知らぬ女性からのエロエロ誘惑、フェロモン製造法など、お客の心に潜む30の心理的トリガーを紹介。

ジョセフ・シュガーマンは、いまから20年ほど前に新聞広告の言葉だけで航空機を売ってしまったという伝説の人物。アメリカのマーケティング関係者の間では、知らない人はいない。特にインターネット社会で非常に効力を発揮する、ダイレクトレスポンス・マーケティングの世界では神様のような存在だ。

その神様が実体験の中から編み出した、30の引き金（トリガー）の原則が書かれているのがこの本。ダイレクトレスポンス・マーケティングの本としては、マーケッター必須の教科書だ。事例が一緒に載っていて、そのすべてが効果の実証ずみのものばかりだから、本当に使える。ちなみに「引き金」とは、お客さんに購買を決定させるきっかけのようなものだ。

自分の商品やサービスに興味を持ってもらうためには、どんな心理的な要素を押さえておかなければいけないのか。その全体像がコンパクトにわかる本だから、マーケティングに携わる人は、**まず初めに読んでおくべき**だ。

大ヒットを飛ばしたいときに読む9冊

大ヒット3 私はどうして販売外交に成功したか

営業の楽しさ・すばらしさを「体感」できる名著

フランク・ベドガー著、土屋健訳、猪谷千春解説／定価（本体1165円＋税）／ダイヤモンド社／1964年

ケガのため8年でプロ野球選手としてのキャリアを断念し、セールスマンに転身したものの29歳まで失敗続き。どん底から這い上がり巨万の富を築くまで、25年間に4万回、人を訪問し、面談した著者のセールス人生を自伝的に語る。「自己を動機づけよ」「質問の効果」「面会のコツ」等、40年以上を経ても変わらぬ営業に必須のエッセンスが詰まっている。

これまたすごく古い本で、1964年に初版が出されたセールスの古典的名著。これまで何回も品切・復刊が繰り返されていて、そのたびに経営者の間でコピーが出回った。それだけ必須の本ということ。

この本の最大の特長は、読むと**セールスマンとしてのプライドを持てること**。「セールスって、何てやりがいのある仕事なのだろう」ということがよくわかるのだ。文章に力があるので、読み始めると止まらない。テクニックを学ぶというよりも、セールスという仕事をまさに**体感**できる。

たとえば、自分の商品を知り尽くし、相手にとってそれがプラスになることを確信していれば、契約書をテーブルの上に置いて無言でペンを渡すのが最も成約率が高いというエピソードや、セールスは自分に厳しくないとできない仕事だなど、セールスマンシップをひしひしと感じることができる。セールスは本当に楽しくて、自分自身が成長できる職業なのだと教えてくれる1冊だ。

大ヒット4 感情表現辞典

ネット時代こそ必要な、感情や感性に訴える文章表現

中村明編／東京堂出版／定価（本体2800円＋税）／1993年

うれしいような恥ずかしいような、自分の気持ちがうまく言い表せずイライラする。文章作成に当たって、誰もがそんな経験をしたことがあるはず。本書は、文章作成時に役立つ感情表現を収録。また、近現代の作家197人の作品806編から、感情の微妙な陰影を描写した用例を収録しており、日本人の豊かな言語感覚を再確認することもできる。

ネット上で物が売れるようになり、文章表現で売上に大きな差がつく時代になっている。では、どんな文章表現が求められているかと言うと、ロジカルな表現だけではダメで、この会社は信頼できるとか、共感できるといった、**感情や感性に訴える**ことが必要なのだ。

文章を書く相手は社外のお客さんだけではない。社内文書でも、自分のビジョンやミッションを他の社員に共感してもらえるような文章をどう書くのか。会社の業績報告書はどう書くのか、経営報告書はどう書くのか。

そういうことも含めて、この本にあるような表現を知っておくことは本当に大事だ。197人の作家さんの806作品から引いた、「怒りの感情」や「うれしい感情」を表現するための文章が集められているから、**本棚に1冊あると本当にいろいろな場面で使えて役立つ**。同様に、同著者のもう1冊、『感覚表現辞典』（東京堂出版）もお薦めだ。

新版　一回のお客を一生の顧客にする法
顧客満足度No.1ディーラーのノウハウ

大ヒット 5

読み返すたびに、本当によくできていると感心してしまう本

大ヒットを飛ばしたいときに読む9冊

これもセールスの古典的名著の1つだけど、本書はさらに要求水準の高くなった顧客に向けて加筆・改定し、2004年に出された新版。1度商品を買ってくれたお客に、いかに何回も購入してもらうかについて書かれている本だ。

紹介されているのは、カーディーラーで実際に行われた具体的な方法で、中身は実に詳細にわたる。「スマイルではなくシステムを」「何も苦情がない？それはどこかおかしい」などの「顧客サービス十戒」の他、お客さんにファンになってもらうために必要なダイレクトレターの書き方、あるいはお客に対して行うアンケートの詳細や書式、さらに実際にお客さんに取ったアンケートまでが掲載されている。

とても古い本なのに、極めて実用的でいまでも十分役立つところがすごい。カーディーラーに関係ない職業の人でも、なすべきこと、なすべき思考がすべてわかる。左に揚げた実践的なアンケート用紙もついていて、読み返すたびに、本当によくできていると感心してしまう本の1つだ。

アンケート

1　過去何回くらい当社のアフターサービス部門をご利用になりましたか？　　　　　　　　（　　　回）
　〔最後にあなたがアフターサービス部門をご利用になったとき〕
2　アフターサービス部門の場所を探すのに手間取りましたか？　　　　　　　　　　　（はい　いいえ）
3　サービス・エリアにいらしたとき、すぐに誰かご挨拶しましたか？　　　　　　　　（はい　いいえ）
4　サービス受付ではどのような応対をしましたか？　　　　　（大変プロフェッショナルだった
　　　　　　　　　　　　　　　　　　　　　　　　　　　　　　ある程度プロフェッショナルだった
　　　　　　　　　　　　　　　　　　　　　　　　　　　　　　全くプロフェッショナルではなかった）
5　ご挨拶の後、サービス・アドバイザーがお相手するまでどのくらいお待ちになりましたか？
　　（　　　分位）
6　サービス・アドバイザーを待つ時間を長いと感じましたか？　　　　　　　　　　　（はい　いいえ）
7　サービス・アドバイザーの説明はわかりやすかったですか？　　　　　　　　　　　（はい　いいえ）
8　料金の見積りをお出ししましたか？　　　　　　　　　　　　　　　　　　　　　　（はい　いいえ）
9　できあがり予定日をお伝えしましたか？　　　　　　　　　　　　　　　　　　　　（はい　いいえ）
10　スウェル・ビレッジではお支払いについていろいろな方法を用意しておりますが、それについ
　　てご説明しましたか？　　　　　　　　　　　　　　　　　　　　　　　　　　　（はい　いいえ）
11　サービス・アドバイザーについてどの程度満足されましたか？
　　　　　　　（非常に満足した　ある程度満足した　どちらでもない　やや不満　大変不満である）
12　スウェル・ビレッジから新車を購入したら、代車を予約できることをご存じでしたか？
　　　　　　　　　　　　　　　　　　　　　　　　　　（はい　いいえ）〔いいえ、の場合は質問15へ〕
13　代車予約の手続きをご存じですか？　　　　　　　　　（はい　いいえ）〔いいえ、の場合は質問15へ〕
14　代車を予約なさいましたか？　　　　　　　　　　　　　　　　　　　　　　　　（はい　いいえ）
14 a　代車担当者は親切でしたか？　　　　　　　　　　　　　　　　　　　　　　　（はい　いいえ）
14 b　代車を必要とされたとき、代車はありましたか？　　　　　　　　　　　　　　（はい　いいえ）
14 c　代車をお渡ししたとき、ガソリンは十分入っていましたか？　　　　　　　　　（はい　いいえ）
15　前回あなたがアフターサービス部門をご利用になったとき、送迎サービスをご利用になりまし
　　たか？　　　　　　　　　　　　　　　　　　　　　（はい　いいえ）〔いいえ、の場合は質問19へ〕
16　送迎車の清潔さについてどの程度満足されましたか？
　　　　　　　（非常に満足した　ある程度満足した　どちらでもない　やや不満　大変不満である）
17　送迎サービスを利用するまでどのくらい待たされましたか？　　　　　　　　　　（　　　分位）
18　送迎車の運転手は満足な応対をしましたか？　　　　　　　　　　　　　　　　　（はい　いいえ）
19　前回あなたがアフターサービス部門をご利用になったとき、待合室をご利用になりましたか？
　　　　　　　　　　　　　　　　　　　　　　　　　　（はい　いいえ）〔いいえ、の場合は質問22へ〕
20　待合室は清潔でしたか？　　　　　　　　　　　　　　　　　　　　　　　　　　（はい　いいえ）
21　席はございましたか？　　　　　　　　　　　　　　　　　　　　　　　　　　　（はい　いいえ）
22　修理完了のお知らせの電話は差し上げましたか？　（はい　いいえ）〔はい、の場合は質問25へ〕
23　問合せの電話には何回目のベルで応答しましたか？　　　　　　　　　　　　　　（　　　回目）
24　担当者からお客様へのお返事の電話は、すぐにありましたか？　　　　　　　　　（はい　いいえ）
25　電話の応対は丁寧でしたか？　　　　　　　　　　　　　　　　　　　　　　　　（はい　いいえ）
26　電話でお客様のご用件は済みましたか？　　　　　　　　　　　　　　　　　　　（はい　いいえ）

出所：『新版　一回のお客を一生の顧客にする法』

カール・スウェル＋ポール・B・ブラウン著、蓮見南海男訳／ダイヤモンド社／定価（本体1600円＋税）／2004年

ジェイ・ディー・パワーによる全米顧客満足度調査で、連続No.1の記録を持つカーディーラーの秘密は、新車が必要になるたびに顧客が戻ってくること。『ザ・ゴール』や『トヨタ生産方式』に示された製造業のシステムを、いち早くサービス業に応用し、90年代サービス革命を先導したバイブル。業種を超えて活用できるノウハウが満載。

⑥大ヒット 山見式PR法
メディアが取り上げたくなる5つの切り口

爆発的ヒットの きっかけを作る マスコミ活用の秘策

山見博康著／翔泳社／定価（本体1600円＋税）／2006年

中小企業のPRに関する専門家が、商品やサービスをメディアに取り上げてもらうための秘策を公開。単にプレスリリースを垂れ流すのではなく、商品、技術、人、経営、業界の5つに焦点を当てたニュースを用意し、それを求めているメディアへ確実に届けることが重要だとする。また、PRは無料ではないことを理解し「情熱費」を投入せよと説く。

顧客を獲得し、その顧客をリピーターにするための本を紹介してきたけど、実際に会社がブレイクして、売上が爆発的に伸びたり、有名になるきっかけは、「マスコミに取り上げられて」というのがとても多い。不思議なことだけど、青息吐息のときにマスコミに取り上げられて、一気に売上が拡大するというのは、よくあるパターンなのだ。

では、マスコミはどうすれば自分たちの味方になってくれるのか。そのために重要なのがパブリシティで、マスコミに対して、どのように自分たちの商品やサービスをPRしていけばいいかを知る必要がある。

マスコミ各社には膨大な量のプレスリリースが送られてくるから、大企業ならともかく、中小・ベンチャー企業のものは埋もれてしまうのが関の山。この本は、中小・ベンチャー企業のPRコンサルタントが、各種メディアで取り上げてもらうための秘策を紹介したものだ。

⑦大ヒット 全部無料で宣伝してもらう、対マスコミPR術
（タダ）

マスコミ視点の 効果的な リリースの書き方

玉木剛著／翔泳社／定価（本体1500円＋税）／2002年

大金をつぎ込んだ広告が、不発に終わったことのある人に向けられたPR指南書。本書では、プレスリリースを活用し、マスコミに取り上げられることで、お金をかけずに抜群のPR効果を挙げ、売上を劇的に伸ばす、という好循環を作り出す方法を教示。第3章では、マスコミに取材をかけ、プレスリリースを受け取るマスコミの目線を明らかにしている。

同じくマスコミ向けのPR法について書かれた本だけど、こちらは多くの著名なプロデューサーとして広くマスコミに関わっている玉木さんが、マスコミ側の手の内を知ったうえで、効果的なパブリシティの方法を教えてくれる。

せっかくの商品やサービスも、プレスリリースの書き方が悪ければ取り上げてはもらえない。「では、どう書けばいいの？」という疑問に、マスコミ側の人間が答えてくれる、とっても貴重な本なのだ。

マスコミ関係者が直接プレスリリースについて語っているインタビューや、取材を受けたときの対応の仕方なども紹介してくれているので、かなり参考になる。

成功するビジネスは、どこかの段階で、何らかの形で必ずマスコミが急に取り上げる。それを機に顧客が急増するのは頻繁にあることなので、本書と『山見式PR法』を両方読んでみて、それぞれのいいところ、自分に合うところを見つけてもらえればと思う。

夢を語る技術5
神話の法則
ライターズ・ジャーニー

大ヒット

これで企画書も物語性を持って伝えられる

ハリウッド映画のシナリオの根底にあるパターンを解析した本で、神話学者のジョーゼフ・キャンベルの調査をもとに、ハリウッドで活躍するシナリオライターがまとめたもの。万人の琴線に触れるストーリーとはどういう構成で、どんな登場人物がいて、それぞれがどんな役割なのかについて書かれている。

こうしたストーリーの作り方を学んでおくと、プレゼンテーションでも企画書でも、映画のような**物語性を持って自分の主張したいことを伝えられる**ようになる。

いまやYouTubeなどの影響で映像がほぼ無料で作れて、配信できるというビジネスの大革命が起きている。これまではコマーシャルフィルムを作れる会社は大企業に限られていたけど、いまや自宅のデジタルビデオカメラで作って全世界に向けてタダで配信できる。

そのときに重要なのは、わかりやすい映像、話題になる映像をどれだけ作り込めるか。ストーリーテーリングの技術が非常に大切になるのだ。

クリストファー・ボグラー著、岡田勲監訳、講元美香訳／ストーリーアーツ＆サイエンス研究所発行、愛育社発売／定価（本体4200円＋税）／2002年

ジョーゼフ・キャンベルの『ヒーローズ・ジャーニー』と、ユング心理学の概念を映画のシナリオ制作に応用し、いまや映画ストーリー開発の第1人者として注目されている著者が執筆したシナリオ・テクニックの世界的ベストセラー。本書のコンセプトが反映されている映画作品は『スター・ウォーズ』『タイタニック』『ダイハード』など多数ある。

大ヒットを飛ばしたいときに読む9冊

ゲームシナリオ作法

大ヒット

ゲーム化時代に必要なシナリオの知識

今後、ビジネスパーソンにとってシナリオの技術が重要になることは『神話の法則』で述べたとおり。特にこの本は極めて実務的だ。映画に携わっていた著者が、ゲーム用に書いたシナリオ作法。具体的には全体を5つのステップに分け、ステップごとの質問に答えを記入していくと、オープニングからクライマックスまでのストーリー展開を満たすことになるという、とってもよくできた本なのだ。

今後、ビジネスではすべての業界でコンテンツ化が急速に進む。実際に読者のみなさんが事業を始めるときは、映像やゲームなど様々なオプションが出てくると思うので、自分の伝えたい情報を、どれだけ短い時間で人の記憶に粘りつくような形で伝播することができるかが勝負になる。ゲーム化されるには、すべての情報がエンターテインメント性を持って、インタラクティブにプレイできるようなものにしなければいけない。そのためにはシナリオの知識が極めて重要なのだ。

川邊一外著／新紀元社／定価（本体2500円＋税）／1999年

ゲームシナリオやストーリー展開を上手に作るにはどんな技術があるのかをソフトを作る人間の眼から解説。発想の基本技術、ストーリー作りの4ステップ、プロット制作、ゲームシナリオの書式、ドラゴンクエスト＆ファイナルファンタジーのヒットの秘密などを、基礎編、実践編、完成編、研究編に分け、事例満載で解説。

経営マネジメントに強くなる8冊

経営 1

会社にお金が残らない本当の理由

会社経営の厳しさに打ち勝てる本

岡本吏郎著／フォレスト出版／定価（本体1500円＋税）／2003年

94％の社長は知らない経営の話。ビジネス環境を支配する「7つのシステム」とお金を残すための「4つの数字」、誰も教えてくれなかった会社の本当の守り方を解説。マーケティング・コンサルタントで税理士の著者が、チラシ1枚で真夏に「除雪機」を売ってしまう非常識な発想とともに、どんなによいアイデアでも、システムがなければ会社が潰れてしまうと説く。

お客を集めて利益が出始めたと思ったら、実はまったく利益が出ていなかった。一所懸命やった挙句に、預金通帳を見たら残金がゼロ！　というのは、本当によくあることなのだ。

たとえばレストランを開業して、3年後にやっとお客さんが来てくれるようになったら、レストランの形態が古くなってリニューアルしなければならなくなる。改装費用がかかるうえに、ちょうどそのタイミングで、税金がドンとかかってくると、キャッシュがマイナスになって銀行から借入をすることになる。でも支払利子は経費になるけど、元金は営業利益から払わなければならないから、かなり大変なのだ。会社経営は甘くない。

こうしたキャッシュフローのマネジメントは、実は当たり前の話なのだけど、それをまともに論じてくれた本は少ない。会社経営の厳しさを学ぶと同時に、その厳しさにも打ち勝てるようなビジネスモデルを作るうえで、この本はぜひ読んでおいてほしいと思うのだ。

経営 2

借金バンザイ！
税理士は教えてくれない！「自転車操業」の極意

元銀行マンが教える借金の裏ノウハウ

小堺桂悦郎著／フォレスト出版／定価（本体1400円＋税）／2004年

借金があっても大丈夫！　いままで誰も教えてくれなかった、上手に借金とつき合っていく方法。会社経営の超裏技を学べる1冊。銀行の融資係や会計事務所で資金繰りの相談に乗ってきた著者だからこそ書ける、借金の仕方から、貸す側の事情、果ては「健全な」自転車操業の仕方までを含む「借金の本質」が、実例満載で紹介されている。

借金なしでやってこれた会社も、いずれは借金をしなければならない時期が来る。利益が上がったと思ったら税金がドカンとかかってきたり、たまたま取引先が倒産して支払うボーナスがドンと増えたり、はたまた社員を増やして支払うボーナスがドンと増えたり、売掛債権が回収できなくなったりと、出費はかさむものだ。

ところが多くの人は、借金の仕方を知らない。だから商工ローンとか、金利の高いところからお金を借りてしまう。さらに「街金」なんかに行ってしまうと、『ナニワ金融道』（→P34）の世界が待っている。

だからきちんと銀行からお金が借りられるように、日頃から銀行とのつき合いについての知識が必要で、それは経営上必須のことなのだ。でも融資の現実についてきちんと教えてくれる本は、なかなかない。

この本は元銀行マンが、融資をする立場から、どんな経営計画書を出せば銀行員が行内で通しやすいかといった、裏のノウハウをわかりやすく教えてくれる。事業をやっていくうえでとても有効だ。

経営 3

ヤバい！ 怖い！ トラブルだッ！
会社とお店を守る最強の警察活用術

いざというときに絶対必要な転ばぬ先の杖

野元泰秀著／フォレスト出版／定価（本体1400円＋税）／2004年

元刑事のマーケティング・コンサルタントが書いた、会社を守るための危機管理テクニック。「怖い・ヤバい・ビビる」トラブルは毎日どこかで起きている。そんなとき、警察をいち早く味方につけて、問題を解決してもらうためのノウハウをまとめたのが本書。警察に「最大限に味方してもらうための7つのポイント」など読みどころ満載。

事業が広がっていけばいくほど、様々なトラブルが起きてくる。クレーマーが会社に押しかけてきたり、社員が暴力沙汰に巻き込まれたり、詐欺に遭ってしまったり。実際、想像もしていなかったこと、しかも自分だけでは解決しようのないことが起こるのが、経営というもの。原因は経営者の「脇の甘さ」にもあるけど、誰にも起こりえることは確かだ。

そうなったときのために、警察活用の仕方を教えてくれるのがこの本。警察は自分たちにとって協力者だという観点で、警察がどんな形でトラブルを解決してくれるのかを知っておこうというわけだ。

そもそもビジネスはお金を生むものなので、様々な反社会的勢力が関わってくる可能性がある。決して他人事ではないし、しかも1度起きたときには緊急性が生じるから、あらかじめ知っておかないと間に合わない。

だから「転ばぬ先の杖」として、必ず本棚に置いておくべき本なのだ。

経営マネジメントに強くなる8冊

経営 4

「仕事ごころ」にスイッチを！
リーダーが忘れてはならない人間心理の3大原則＆実践術

部下が熱中せざるをえない環境の作り方

小阪裕司著／フォレスト出版／定価（本体1500円＋税）／2002年

チームを作るとき、リーダーが必ず心得ておくべき原則とその実践法を解説。普通の人に高いモチベーションを持って仕事に取り組んでもらうには「快と結びつける」「意味を与える」「演じさせる」ことが不可欠だとする。それによって誰もがヒーローになれる。人間心理にスポットを当て、よりよい組織作りのノウハウを提唱した1冊。

会社が大きくなったり、自分の部下の人数が増えたりすると、部下のモチベーションが会社業績を大きく左右する。部下をいかに熱中させるか、いやむしろ、部下が熱中できるような仕事の環境、熱中せざるをえない環境をいかに作っていくかが非常に重要になってくる。

そうした仕事環境を作っていく具体的な方法が書かれているのが、この本。小阪さんの方法論は、人間の本性から考えても確実にうまくいくようなことなのと、自らの実体験から出てきているからとても説得力がある。

たとえば合宿に行くときは、まずメンバー全員で買い出しをする。その間にだんだん気分が盛り上がって、打ち解けた雰囲気になり、合宿では本音ベースで話し合えるようになるわけだ。他にも、会議で話が堂々巡りになったところで温泉に入るとアイデアが出やすいとか。

経営理論の中では軽く見られかねないことだけど、実はこうしたことがとても効果的で、しかも誰にでもできる実務的なことなのだ。

経営マネジメントに強くなる8冊

5 経営
「船井流経営法」の原点
船井幸雄経営五輪の書

会社経営の原点の「当たり前」を教えてくれる

船井幸雄著／グラフ社／定価（本体1400円+税）／2006年

日本でも最大級の経営コンサルタント会社、船井総合研究所を創業し、日本を代表するコンサルタントの1人でもある著者が、自らの成功体験を体系化し、経営者が考えるべき経営哲学と実践すべきノウハウにまとめたものが本書。「わかりやすく、自然で、無理のないほうが勝つ」と説く。1985年刊行『船井幸雄の経営五輪の書』の復刻版。

死んだ魚が生き返る、宇宙人と交信する、霊の話など、突飛なことがいろいろ書かれている。経営者にはこうした裏面があるものだけど、それを公然と言い始めて、なおかつ上場企業の社長になったのは、おそらく著者が世界初だと思う。

経営書としては極めてムダがなく、洗練された言葉で書かれている。たとえば「**社会性、教育性の追求が利益を生む**」とか、「**体質に合い、やりがいのある好きなことしか成功しない**」とか。「素直なだけではダメだろう」と思うんだけど、素直になるのはすごく難しくて、結局「成功する人はみんな素直である」というところにつながってしまう。

著者の莫大な体験があるからこそ行きついたシンプルな原則は、まったくウソがない真実の言葉だ。ビジネスパーソンには合理性と非合理性の両方が必要。ぜひ1度は読んでおくべきだと思う。

6 経営
勝てば官軍
Winning is Everything【成功の法則】

「負けない戦士」になれる泥臭い方法論

藤田田著／KKベストセラーズ／定価（本体1470円+税）／1996年

業界No.1日本マクドナルド創業者の成功哲学。「金に『きれい』『きたない』はない」「ビジネスに満塁ホームランはない」「『勝てば官軍』の論理しかない」「ものを捨てることを考えよ」「1%を狙っても充分ペイできる」「日本は輸入大国でよいのだ」「速度をわが手にする者が勝つ」「マルチメディアは手段であって目的ではない」など、成功法則の集大成！

何かを始める前にこの本を読むと、何だか力が湧いてきて「**負けない戦士**」になれる。ソフトバンクの孫正義さんがこの藤田さんの本を読んで、1番会いたい経営者として何度もお会いになったというのもうなずけるのだ。

ビジネスにおける物の見方、儲かるものに対する嗅覚、それを形にするまでの極めて実務的な、泥臭い方法論。時代の潮流の押さえ方や人のマネジメントの仕方、小さなヒントから富を生み出していくノウハウなど、この本は非常に参考になる。

特にすごいのは、藤田さんの**長期的な物の見方**。小学生にマクドナルドを好きにさせれば、30年経つとその人は親になる。そのときにどんなビジネスになるかを考えて、マクドナルドを始めた。

また、最初は絶対に銀座に店を出さなければいけないと考えて、本当に銀座からスタートした。こうした立ち上げ時におけるブランドの作り方や長期的なブランド戦略も含めて、とても参考になる本だ。

経営 7

ブランド帝国 LVMH [モエ ヘネシー・ルイ ヴィトン] を創った男
ベルナール・アルノー、語る

僕が少しでも近づきたい経営者の肉声

ベルナール・アルノー＋イヴ・メサロヴィッチ著、杉美春訳／日経BP社／定価（本体1600円＋税）／2003年

ルイ・ヴィトン、ヘネシー、クリスチャン・ディオールなど高級ブランドを多数傘下におさめ、年商1兆円を超える国際企業グループ、LVMH（モエ ヘネシー・ルイ ヴィトン）のCEO（最高経営責任者）が、自らの生い立ちから私生活、LVMHの創設から現在までの軌跡、そしてビジネスにおける哲学から今後の戦略までを初めて語る。

ベルナール・アルノーは秘密主義でめったに表に出ない人だから、インタビューの本が出たということで大変話題になった。**彼は実は僕のモデル経営者。僕は彼に近づきたいと思っている。**

いろいろ理由があるけど、まずこれからの時代はブランドがとても重要になる。ブランド資産をどう作り上げていくか、強力なキャッシュフローを生むブランドをどうやって多面展開していくかが問われるが、いち早くそれをやってきたのがベルナール・アルノーだった。

それと同時に、これからどんどんフラット化していく社会の中で、個人の自主性とビジネスオーナーの自主性を相乗効果として活用していくLVMH（モエ ヘネシー・ルイ ヴィトン）組織のあり方は、まさにこれからの潮流となる、新しいマネジメント、ビジネスモデルの作り方なのだ。

感性の時代の経営をしていくうえで、モデリングしていかなければいけない人の1人だと思う。

経営 8

福祉を変える経営
障害者の月給一万円からの脱出

障がい者福祉での経営改革を目指す経営者魂

小倉昌男著／日経BP社／定価（本体1300円＋税）／2003年

障がい者※が「自分で稼いで生きていける」仕組みを経営の視点からまとめた書。私財を投入してヤマト福祉財団を設立した著者は、障がい者の真の幸せは補助金頼みの福祉からは得られないとする。働き手のやる気を引き出し、市場経済の仕組みの中で利益を得ることこそ大切であると、財団が実践するベーカリー事業などの例を挙げて主張する。

※現状、福祉の世界では、「障がい者」と表記している

志すべき経営者の本として『小倉昌男 経営学』（→P36）の「1日10分音読」を薦めたけど、小倉さんのすばらしさは、最後に福祉の方向に行ったことにある。ヤマト運輸という新しいビジネスモデルを立ち上げ一大産業に成長させた後、小倉さんは私財を投じてヤマト福祉財団を立ち上げ、障がい者が健常者と同じ立場で暮らせる「ノーマライゼーション」の実現にすべてのエネルギーを注いだ。

いま、障がい者の就労施設である民間の共同作業所で働く障がい者の月給は、1万円にも満たないのが実態。これでは障がい者が自立することは不可能で、この現実を変えるには共同作業所の経営改革を行う必要がある。そこで小倉さんは自ら焼きたてパン事業を考案し、メール便配達への参入を促すなどで、**障がい者が「月に10万円稼げる」仕組み**を広めようとした。小倉さんのような方の遺志を引き継いでいくことが、僕たち日本人にとってとても重要なことだと思うのだ。

未来 1

マネジメント革命
「燃える集団」を実現する「長老型」のススメ

世界に広げたい人間性に基づくマネジメント

天外伺朗著／講談社／定価（本体1500円+税）／2006年

ソニーのエンジニアとしてCDやAIBOの開発を手がけた著者が、フロー理論、コーチング、トランスパーソナル心理学などを駆使して、ユニークな製品を生むマネジメントを体系化。最も重要なのは指示・命令をしない「長老型マネジメント」だとする。信頼感に満ち、包容力のある組織こそが、高いパフォーマンスを実現しうると説く。

著者名の「天外伺朗（てんげしろう）」は、ソニーの取締役だった土井利忠さんのペンネーム。AIBOの開発者でもある土井さんが、井深さん・盛田さんの時代のソニーでいったい何が行われていたかを、マネジメントの観点から分析したのがこの本だ。ここに書かれている経営論こそ、より**人間性に基づいた新しいマネジメントの新しい突破口**になるべきだし、世界に広がっていってほしいと思う。

基本にあるのは「長老型マネジメント」で、根本にあるのは、会社はそこに集う人々が**人間的に成長するために乗り合わせる乗り物**だという考え方。利益を出すのは当然必要なことだけど、それと同時に利益を出すという活動を通じて、社員1人ひとりが人間的に成長することが大事だという。

これはアメリカ流の利益優先とは違う、かなり日本的なマネジメントの考え方。日本的なマネジメントはこの20年間脇に追いやられてきたけど、それが見直され、さらに発展したモデルになっていくことを期待したい。

未来を見通す力をつける6冊

未来 2

品性資本の経営〈新装版〉
品性資本定量化の試み

品性資本第1の新しい日本的なビジネスモデル

財団法人モラロジー研究所 道徳科学研究センター 品性資本定量化開発室編／財団法人モラロジー研究所発行、学校法人廣池学園事業部発売／定価（本体1500円+税）／2006年

日本経済が苦境にあった昭和期、廣池千九郎が提唱した「品性資本」の思想。「品性を第一資本とし、金を第二資本とす」のメッセージを、中小企業経営者向けに、現代的な視点から述べたのが本書。企業が安定的かつ長期的に繁栄していくうえで必要となる、品性資本を蓄積するための手法を紹介。

暴走を続ける資本主義に対する疑問の声が上がる中、どんなビジネスモデルが会社経営に求められているのか。アメリカでは『第8の習慣』（→P43）のような本が出始めているけど、それを日本的な考え方で伝えているのが、この本だ。

会社は「品性」を第1の資本とし、お金は第2の資本だとする。会社には創業期、発展期、警戒期、衰退期があり、創業期には金銭資本力を高めないと成長しない。発展期には金銭資本が高まっていくが、警戒期には品性資本が下がり、金銭資本力も落ちてしまうという。会社のライフサイクルで品性資本がどのようにシフトしていくかを、**実証的に研究して統計を取り、数値化しているところが面白い。警戒期にどんな対策を取ればいいかについて書かれた本は、これが唯一**だと思う。モラロジーと言うと怪しく聞こえるけど、宗教とかではなくて、戦後日本の中小企業の精神的なバックボーンの1つとして続いてきたものだ。

「Sカーブ」が不確実性を克服する
物理学で解く2000年の経営

未来

らせん状の発展カーブから科学的に将来を予測する会社にも個人にも有用な本

2000年に発売された、マニアックな本だけど、僕はこの本から大きな思想的影響を受けている。

簡単に言うと、直線的に進化していく世の中なのか、循環論なのか。社会的な変化が起こらないときには成長は山道の上り坂で直線的に見えるけど、折返し地点に来るとかなり大変で、やはり循環論に基づかないと将来予測は難しい。

Sカーブというのは、描き方を変えると、らせんになる。そのらせん状の発展段階のどこにいるかを理解することで、不確実に見える将来を予測するというのが本書の基本的な考え方だ。

実はSカーブ論は経営学を学ぶときに必ず最初のほうに出てくるのだが、経営学の教科書では半ページ程度しか割かれていない。でも本当は最も重要な理論で、Sカーブがわからなければ、ビジネス導入期や成長期では何をするのか、成長期は何年続くのか、成長期の折返し地点はいつ来るのか、長期では何がわからなければ、ビジネス導入期や成

らせんというのは、描き方を変えると、

わからない。

だから、多くの会社がイソップ童話のキリギリスみたいになってしまうのだ。

と言うのは、多くの社長は遊んでしまい、ビルを建てて、本当は貯めておかなければいけないお金で直線的に見えるけど、折返し地点に来るり返し起こしているのがビジネスの世界なのだ。

でも、Sカーブを詳しく見れば、その成長の終わりがいつ来るのかが予測できる。それを物理学の観点から証明してしまったのがこの本というわけだ。

細かい数字を言えば予測は外れるけど、企業には「春夏秋冬」があって、季節の変わり目のタイミングにはどんなマネジメントが必要か、どんな対策を事前に取っておかなければならないかが科学的に書いてある。

このサイクルは人間にも当てはまって、たとえばモーツァルトはSカーブ理論で言

うと、決して早死にではないらしい。彼は35歳で死んだけど、作曲家としてのサイクルを見ると、累積作曲数はほぼ成熟期に来ていて、一生涯に作曲する数の90％に達していた。これからは衰退するしかなかった時期に死んでいるというわけだ。

ただ、本当に死ななければならなかったかと言うとそうではなくて、作曲家としては成熟まで来ていたけれど、新たな成長カーブ、たとえばプロデューサーとか音楽家育成の方向で人生を歩み始めていたら、長生きできていたかもしれないという推測が成り立つ。

何か、僕たちの人生にとっても示唆的だ。ちょっと言いすぎかなというところもあるけど、そこも知的な刺激を得られる本としてすごく面白い。

未来を見通す力をつける6冊

セオドア・モディス著、寒河龍太郎訳／東急エージェンシー出版部／定価（本体1700円＋税）／2000年

物理学者からビジネス界に転じた著者が、ビジネスには四季の移り変わりとライフサイクルがあり、それはS字曲線に沿って変化していくことを、様々な具体例を挙げながら明らかにする。そして、自分の事業や会社がどの季節にあるかを確かめ、その季節に応じて事業計画を立てるための方法を説く。さらに、未来を予測するための思考法を提案する。

未来 4

「運」をつかむ法則！
春夏秋冬サイクルでわかる運の乗り方・活かし方

1年を4分割した「春夏秋冬サイクル」で幸運をつかむ

高島亮著、來夢監修／フォレスト出版／定価（本体1200円＋税）／2005年

成功者は、努力や才能だけでなく、運の流れに乗っている。その運には乗り方があり、誰でも運をつかみ、活用することができるという。本書は、春夏秋冬という身近なライフスタイルと占星術から編み出された、運の流れにうまく乗り、成功へと至るための「使える方法論」を説いた書。流れが見えることで、将来を見通すこともできる。

成功した人は単に運がよかっただけと言われるけど、実際にそうなのだ。こう言うと怒られてしまうけど、日本では有名な経営者ほど"バカ殿"タイプが多い。上にバカ殿がいるからみんなが嫉妬もせずに能力を発揮できる。"バカ殿"になれるのは、やはり運なのだ。

運というのは、結局タイミングがすべて。この本は、人間の運は12年サイクルで一巡するという考え方に基づき、12年を4分割して人間の運命に春夏秋冬を当てはめる。これは、僕が考えた春夏秋冬サイクルと基本は同じだ。

僕が春夏秋冬サイクルを作ったのは、2000件のコンサルティングをやっている中で、同じように優秀で、同じくらい儲かるビジネスをしていながら、Aさんは大成功して事業がダメになる直前にビジネスを手放す次に移り、Bさんは同じように成功しながら手放すタイミングが遅れてお金がゼロになるというケースが多いから。普通ならお薦めのビジネス書には入らないような本だと思うけど、これも僕の親心だと思って読んでほしい。

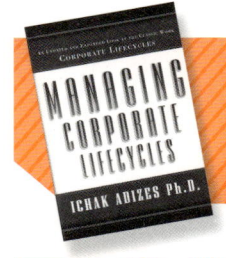

未来 5

Managing Corporate Lifecycles

天才著者による即効性のあるマネジメント法

Ichak Adizes著／Prentice Hall Press／USA $28.00／1999年

前作『Corporate Lifecycles』で論じた企業の誕生から成長、そして衰退に至るライフサイクル分析をさらに深化させ、企業を理想の段階（「プライム」と呼ぶ）に導くためのノウハウを示した書。企業がプライムに至るまでの道を4つの段階に分け、それぞれのステージで起こりうる典型的な問題を予期し、対処するための戦略を明らかにする。

これは日本では翻訳されていないけど、マネジメントのすばらしい本だ。アメリカでは高く評価されている理論で、ものすごく即効性がある。経営組織がグチャグチャになった中で経営を建て直していくには、すごく有効。著者のイチャック・アディーゼスは本当に天才だと思う。

サイクル論を使ったマネジメントの方法で、成長サイクルに応じて、どういった経営上の問題が生じてくるのか、それはなぜなのかが、4つの原理でわかるという。

また、人間の本質に基づいた性格、キャラクターも4つに分解することができる。そのコアな部分での理論をビジネスサイクルに当てはめることで、マネジメントを行うというものだ。

僕はこの4つの原理で歴史のサイクルも説明できると推測している。

まさに、経済界における大統一理論がそこにあるのかもしれない。

出現する未来

未来

内面を掘り下げることで未来は出現する！
今後10年の潮流をなすマネジメント論

天外さんが『マネジメント革命』（→P67）で示したような会社のあり方は、より高度な心理学の観点からも見直されてきている。その流れはこの『出現する未来』が出版されていることにも現れていると思う。

ここには極めて東洋的な知識が入っていて、『バシャールペーパーバック①〜⑧』（→P77）と似ている考え方も一部出てくる。だから、これは宇宙人によって書かれた本だと言っても区別できないだろう。それをハーバードとかMITなどで教えている学者が言うと、この本のように世の中でも認められる理論になるのだけれど、それでもバシャールからは20年以上かかってしまう。もちろん学術というのは検証していかないといけないから大変な作業だけど、言っていることは非常に近いのだ。

いずれにしても、この本に書かれていることが今後のマネジメントの潮流であることは確かだと思う。

その会社なり組織の構成員が自分の内面を深く掘り下げ、内面を理解したら、そこに様々な可能性が生まれる。その可能性のうちの1つを選択することによって未来は生まれる。つまり未来は論理的に作り上げていくものではなく、こうしたプロセスをたどった結果として出現するものなのだ。

たとえば、3人が集まって何か新しい商品の企画を立てようとする。そのとき「3人で商品企画を作ろう」という思考ではなく、「この3人が集まった先に、どんな商品企画が出現するのか」という質問になるわけだ。

この3人は、その商品企画を通して無意識のうちに「自分自身を成長させる」という選択をしている。1人ひとりがどのように成長していくのか、内的な「ヴォイス」を言葉にしてあげることによって、そこに商品の企画が出現するべくして出現する。どんな商品を企画しようかと考えて辻褄を合わせるのではなく、この商品企画が生まれる理由は何かを、逆に未来から発想するのとは確かだと思う。

自分の内面を掘り下げるというのは、たとえば座禅を組みましょうというのと同じことなのだが、それを学会を作りながら展開している国がアメリカ。この本にも、その方法論が全部書いてあるところがアメリカ的で面白いのだ。

もちろん方法論はまだ実証していく必要はあるだろうが、理論的なフレームワークの作り方はさすがと思わせる。おそらくこの本をきっかけに、いままでとはまったく違うマネジメント論が、これからの10年で急速に進むと思う。

だから自分自身が高度な経営者になろうと思うなら、この本はぜひ読んでおくべき。何しろこの1冊で経営スタイルがまったく変わるのだから。

未来を見通す力をつける6冊

ピーター・センゲ＋C・オットー・シャーマー＋ジョセフ・ジャウォースキー＋ベティー・スー・フラワーズ著、野中郁次郎監訳、高遠裕子訳／講談社／定価（本体1900円＋税）／2006年

「学習する組織」のコンセプトを提唱したピーター・センゲを始めとする4人の研究者と起業家が、リーダーシップとイノベーションの本質を探るために、科学と意識、根本的変化という3つの領域とその関係性についての対話から生まれた書。世界と個人を一体化させる能力がいかにして育まれるかを仏教をヒントに探求する。

本質 1

バブル再来
2022年までの株価シナリオと投資戦略

人口をベースに経済環境の未来を予測

ハリー・S・デント・ジュニア著、神田昌典監訳、飯岡美紀訳／ダイヤモンド社／定価（本体2000円＋税）／2006年

日本のバブル崩壊、アメリカのITバブルを的中させた天才予測家が、2022年までの経済・株価の動きを洞察し、個人投資家がどう対応すべきかを大胆に説く。人口トレンドとライフサイクルに基づくその予測手法は、今後の自分の人生を考えるための羅針盤として、あるいは新しいビジネスを構想するための分析法として注目されている。

これは経済予測の本だけど、ジュニア1400万人がコア市場になる」（→P35）と同様、人口をベースにこれからどんな時代になるかが書かれている点がとても重要。**長期的な事業環境を見る**うえで、必読書だと思う。

事業環境と言うと経営者の問題で、ビジネスパーソンには関係ないと思うかもしれないけど、転職やマイホーム購入など、極めてリアルな目の前の現実を生きていくうえでも、経済環境を把握しておくかどうかで大きな差が出てしまう。

バブル崩壊の時期や株式市場の予測も少しズレてしまっていて、「この本はアテにならない」という人もいるけど、僕がこの本を監訳したのは、**大きな経済の流れを察知できる力**を身につけてほしいから。

この本を読んでおくと、この先10年後、20年後、30年後のことがわかる。その意味で、本当に**パラダイムシフトを起こすための本**だと思うのだ。

本質 2

３つの原理
セックス・年齢・社会階層が未来を突き動かす

歴史を動かす大きな原理の1つは「セックス」

ローレンス・トーブ著、神田昌典監訳、金子宣子訳／ダイヤモンド社／定価（本体2400円＋税）／2007年

ヒンドゥー教の歴史哲学にヒントを得た歴史家が、セックス・年齢・社会階層に基づく３つのモデルを用いて、人類の歴史における深層潮流を解明し、そこから大胆に未来を予測した衝撃の書。なぜ女性が強くなってきたのか、なぜ精神的なものが重視されるようになってきたのかなどの素朴な疑問に対して、本書は見事に合理的な説明を与えてくれる。

これまで時代予測的な本をいくつか挙げてきたけど、中でもこれは**絶対に外せない1冊**。３つの大きな原理が人類の歴史を動かしてきたことを分析、予測しているのだが、注目すべきはその1番目に**セックスモデル**を挙げていること。男女の関係が時代を突き動かしていく1つの大きな原理で、将来は両性具有になる。にわかには信じがたい話だけど、実際にはもう現象として現れ始めている。たとえば、座っておしっこをする男性や、ブラジャーをつける男性、「ブラ男」が増えている。読者のみなさんは笑うと思うけど、れっきとしたビジネスパーソンの間でも、ブラジャーをつける男性が徐々に増えているらしいのだ。

インターネットはこの10年間に、表面的には見えない性生活、男女の関わり方をも、同じスピードで変化させてきたことがよくわかる。**世の中が大きく変化するときにどんな原理が働いているか**を見極めておくことは、ビジネスにおいてもとても重要なのだ。

――

1％の本質を見抜く力をつける7冊

Generations
The History of America's Future, 1584 to 2069

本質 ③

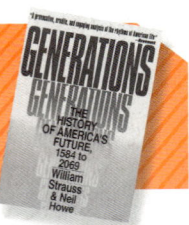

400年にわたる壮大な世代分析で知る歴史サイクル

William Strauss + Neil Howe 著／Perennial／USA $16.95／1991年

清教徒がニューイングランドに入植してから現在に至るまでのアメリカ史を詳細に調べた結果、それぞれの世代はほぼ例外なく、「予言者」「放浪者」「英雄」「芸術家」という4つのタイプのどれかに属し、それが繰り返されていることがわかった。この世代サイクルに基づいて将来を占うならば、どこの国であっても、同じような予測を引き出すことができる。

僕は歴史書や時代予測を参考にしながら、自分独自の歴史論やサイクル論を構築している。この本は洋書だけど、特に歴史を読み取るうえで学ぶべきことが多い。

イギリスの清教徒がアメリカ大陸に渡ってからの400年にも及ぶ全世代を記録して世代ごとの特徴を割り出し、極めて明確なサイクルで時代が刻まれていることを明らかにしている。歴史サイクルには4つのアーキタイプ――僕流の言い方だと「**創業者（もしくは起業家）、実務者、管理者、統合者（もしくは放浪者）**」が出てくる。この4つの世代が繰り返し出てきて歴史が作られるわけだ。

いまは歴史サイクルの最後に当たるのだが、この時期には性的にモラルが荒廃するのが特徴で、教育レベルも非常に低くなる。そうして価値観が崩壊していく中で、新たな価値観を打ち立てる人たちが出てくる。こうした長期的な視野を持つことが、現状を深く理解し、今後の潮流を見通すことにつながるのだ。

恐怖の存在（上・下）

本質 ④

情報の「虚と実」を見分ける大切さを教えてくれる

マイクル・クライトン著、酒井昭伸訳／早川書房／各定価（本体940円＋税）／2007年

太平洋の島々からなる国家ヴァヌーツが、地球温暖化による水位の上昇が続けば国土が水没しかねないとして、温暖化の元凶とされる二酸化炭素の最大排出国アメリカを提訴すると発表した。それを支援するのが環境保護団体NERFとある富豪だったが、彼らの周辺では不審な事件が立て続けに起こった。地球温暖化問題をめぐる問題作。

『ジュラシック・パーク』を始め、大ヒットを連発しているマイケル・クライトンの小説。一貫して書かれているのは、「**環境問題には何の根拠もない**」ということだ。環境問題の背後にはそれによって莫大な利益を生み出そうとする邪悪な団体がいて、環境問題が必要以上に宣伝され、「かえって将来に大変な危険を生じさせかねない」と説いている。

でも、僕はそれが真実かどうかを問題にしたいわけではなく、現代がいかに「**虚と実**」を**見分けることを必要としている時代**か、を言いたいのだ。ネット上では検証されない情報が垂れ流しで、根も葉もないことが真実のように伝えられることがよくある。マスコミで報道されていることも鵜呑みにするのはとても危険だ。

特に、現在20～30代の人は素直で、言われたことをそのまま受け取ってしまう傾向がある。だけど、それが**真実かどうかを疑う**ことも大事で、そのメンタリティや思考を学ぶために、この本は最適だと思う。

1％の本質を見抜く力をつける7冊

5 本質

現代日本経済史年表 1868〜2006年

1％の本質を見抜く力をつける7冊

歴史から未来を予測。最悪を想定して最善を尽くすために本棚に置くべき1冊

僕はこの年表を随所で使っている。政治もそうだけど、日本の近代経済は**70年周期**で同じようなことが起こっている。

それを世代的に説明すると、子どもが生まれるのは、だいたい父親が30歳すぎ〜30代後半くらいまで。その半分の17年くらいが1つの世代だと考えられるから、それを4倍した70年くらいでサイクルが入れ替わる。

いまから70年前の1938年はちょうど日本が戦争に突入した時期で、そのさらに70年前の1868年には明治維新が起きた。経済を見ても、70年前には戦時経済、統制経済で経済環境が厳しくなっていき、食糧が問題になり始めた。

そう見てくると、いま世界的に農作物が高騰して日本の食糧自給率が問題になり、経済環境が悪化してきているのも、歴史的なサイクルで起こっていることなのだと理解できる。

僕はこのサイクルの中で、日本は戦争に入っていく流れの中にあると思っている。

たとえば1942年には食糧管理法が公布されているから、2012年には食糧事情はもっと深刻になり、生活手段が少なくなっていくことも考えられる。するといまの食糧問題は決して一過性のものではなく、本格的な食糧危機の始まりと考えて真剣に対策を立てなければならないという流れが読める。

誤解しないでほしいのは、大切なのはそうした推測が事実になるかどうかではなく、「日本で戦争は起きてないじゃないか」と言われるかもしれないけれど、いま起きているのは**目に見えない戦争、心の中で起こっている内戦**だ。

毎年3万人もが自殺し、うつや精神病にかかる人がものすごく多い。いわば「**人間の心に対する空爆**」が続いている状態だ。今後はその心の問題が子どもたちにまで広がっていくのではないか。少しネガティブだが、僕はそう見ている。

でも、逆にそのことがわかっていれば、早めに対策を取りやすい。最悪の事態を想定しながら最善を尽くすことができるからだ。

将来的にどんな問題が生じるかを踏まえたうえで、そこで自分のビジネスに活用する。これは単にお金儲けの道具ではなく、ビジネスパーソンとしての社会貢献の1つだと思う。世の中が困ったときに、自分の能力をどう活かすかということなのだから。**最悪を想定して最善を尽くす**。そのために、この本を書棚に置いておくことはとても役立つのだ。

将来を予測してそれに対応しておくという根本的なビジネスの考え方ができるかどうかということ。社会的な問題が起きたときに、その問題を解決できるかどうかなのだ。

矢部洋三＋古賀義弘＋渡辺広明＋飯島正義＋貝塚亨編著／日本経済評論社／定価（本体3200円+税）／2008年

本書は、1868〜1945年の戦前日本経済の発展、45〜54年の戦後日本経済の出発、55〜73年の高度成長時代の日本経済、74〜82年の日本経済の構造調整、83〜90年の80年代日本経済、91〜2000年の90年代日本経済、01年以降の2000年代に分けて、年表、概説、用語解説、統計の各項目で解説。巻末に、アジア＆サミット諸国の経済データも収録。

モモ

本質 ⑥

資本主義の暴走に警鐘を鳴らす必読の「経済書」

ミヒャエル・エンデ著、大島かおり訳／岩波書店／定価（本体800円＋税）／2005年

ドイツの作家ミヒャエル・エンデによる異色のファンタジー小説。人々から時間を奪う「時間どろぼう」一味と、人の心を和ませる不思議な力を持った少女モモの対決が描かれる。常に時間に追われ、ゆとりある生活を忘れてしまったかのような現代人。そうした我々の生き方に警鐘を鳴らし、時間の意味を改めて教えてくれる。

「何で『モモ』がビジネス書なんだ？」と思われるかもしれないけど、これはファンタジー小説ではなく、れっきとした経済書。お金を追い求めるがゆえに、効率を押し進めた世界でいったい何が起きるのか。資本主義の暴走に対する警鐘の書なのだ。

また、僕たち個々も仕事ばかりにフォーカスし始めると、バランスを崩してしまう。それは家庭内での事故や夫婦の不和、会社内でのトラブルなど、思わぬ形で表面化する。ファンタジーだと思って読んでみると、自分自身も効率化のために大切なものを失っていないか、バランスを欠いていないかを問われてしまうのだ。

面白いのは、効率化を極端に進めた世界で「灰色の男たち」と呼ばれるモモの敵のエージェントたちが、「XYQ/384/b」といったインターネットのURLのようなコードネームを持っていること。日本語版が最初に出たのは1976年。ネットが登場するはるか前に、世界がどうなるかを予言していたのだから、すごいと思う。

エンデの遺言
根源からお金を問うこと

本質 ⑦

経営者に必須な持続可能な経済への視点

河邑厚徳＋グループ現代著／日本放送出版協会／定価（本体1500円＋税）／2000年

ミヒャエル・エンデのインタビューをもとにNHKが制作した番組の書籍化。「パンを買うお金と株式取引所で扱われるお金はまったく異なる」というエンデの言葉に導かれて、現代の「暴走するお金」の正体に迫っていく。老化するお金、時とともに減価するお金、地域通貨など、多くの寓話や事例で貨幣経済の問題点が浮き彫りにされる。

『モモ』と合わせて本書を読むと、エンデがお金に対してどういう概念を持ち、その哲学がどのように作品中に表現されたかがよくわかる。読者はこれからの持続可能な経済社会（サスティナブル・エコノミー）の根本的な解決策はいったいどこにあるのか、という問題意識を持つことになるはずだ。

資本主義であるがゆえに、我々はこれだけ自由で豊かな生活が送れるわけだけど、その功罪をわかっていないと資本主義は際限なく効率性を推進する方向へ行き、エンデが『モモ』で警告したような間違いを犯してしまうかと言って、資本主義を破壊すればもっと大変なことになる。これまでアンチ資本主義によって、どれだけの虐殺が起こったことか。

資本主義、自由主義を守りながら、その欠陥をどうやって埋めていくかという視点が、これからの経営者には必要。だからこの本はぜひ読んでほしいのだ。

1％の本質を見抜く力をつける7冊

C74

壁1 マーフィー 眠りながら成功する（上・下）

無意識の世界に目覚めた僕の思い出深い本

ジョセフ・マーフィー著、大島淳一訳／三笠書房／各定価（本体514円＋税）／2001年

ジョセフ・マーフィーの代表作であり、自己啓発書の元祖とも言える1冊。人生において潜在意識がいかに重要かを説く。潜在意識をうまくコントロールするためには、否定的な感情を持たず、プラス思考が大切だとする。気持ちの持ちようで事態は変わり、結果的に成功がもたらされることを、事例を交えてわかりやすく説明している。翻訳版原書は1968年。その後、文庫化された。

これは僕にとってとても思い出深い本。28歳でリストラされて、どうしようかと思っていたとき、銀座の旭屋書店（現在閉店）で引き寄せられるように手に取った。それまでこうした無意識の世界をまったく信じていなかったのだけど、ダマされたと思って実行してみた。

リストラされたときの年収は約700万円。本に書いてあるとおりに「次にほしい年収」を紙に書き、眠りながらそれを想像した。そして外資系に就職が決まって、契約書を見てビックリ。書かれていた額は10万ドルで、当時のレートでちょうど1000万円ほど。実は僕が紙に書いていたのも1000万円だったのだ。

「願うだけで成功するならこんなにいいことはない」と思い、無意識の世界に目覚めるきっかけになった。翻訳者の大島淳一というのは渡部昇一先生のペンネームで、さすがに翻訳もすばらしい。タイトルはちょっといかがわしいけど、**自己啓発書の古典中の古典**で、いま読み直してもまったく古さを感じさせない本だ。

壁2 効率が10倍アップする 新・知的生産術
自分をグーグル化する方法

知的生産の象徴が女性に！21世紀版・知的生活の方法

勝間和代著／ダイヤモンド社／定価（本体1500円＋税）／2007年

勝間式知的生産術を、①自分をグーグル化する方法、②情報洪水から1％の本質を見極める技術、③効率10倍のインプット術、④成果10倍のアウトプット術、⑤生活習慣の技術、⑥人脈作りの技術に分けて紹介。IT機器で効率化し、フォトリーディングで多読しながらも、十分な睡眠を取って自転車や筋トレを推奨。「お薦め書籍116冊」つき。

冒頭の勝間さんとの対談でも話したけど、この本は渡部昇一先生の『**知的生活の方法**』の21世紀版。「知的生産」というこれまで男性が象徴していたものが、女性にとって代わられたことを示す、とても意味深い本なのだ。

20代、特に21～27歳の時期はとにかく勉強することが大事。この年代は何かをゼロから生み出すには残念ながら経験が足りない。そのときに、最も早く学べる方法は何かと言うと、**人の下で学ぶ**こと。会社に入って、理不尽だと感じながらもその会社のルールに合わせてやっていくことは、必ず**底力**となって身についていく。

でも、何も意識せず、会社で言われることだけをやっていたのではダメ。30代になって自分で何かを始める時期よりはずっと時間があるのだから、その間に自分で勉強しておかなくてはならない。では、どうやって勉強するか。どうやって自分の知的生産力を伸ばしていくか。21世紀のIT時代には、やはりこの本なのだ。

壁3 アー・ユー・ハッピー？

数々の苦難を乗り越えた矢沢永吉に学ぶ本当の幸福論

矢沢永吉著／角川書店／定価（本体514円+税）／2004年

「自立していれば、堂々としていられる。何でも言える。大事なのは自立だ」と言う著者の素手でつかみとった幸福論。「オーストラリア事件」で側近に30億円を横領され、離婚・再婚を経験。それでも「『アー・ユー・ハッピー』の言葉には『アー・ユー・ファイティング？』という意味が、隠れているのかもしれない」と言う魂の叫びが満載。

この本は、「**直線的な成功はありえない**」ことを教えてくれる。要は何かを学び、テクニックやノウハウを身につければ、トラブルなく成功した人生がすごせるなんていうのは幻想にすぎない。

自分の才能を発揮し、才能をさらに開花させようとするほど、障害が起こる。大事なのはその障害をどうやって乗り越えるかだ。

知ってのとおり、矢沢さんはロック歌手として大成功したんだけど、ここに書かれているのは、側近にダマされて約30億円の借金をし、その金を横領されてしまったこと。だが、彼はその30億の借金を返済し、新たに借金をして自分のスタジオを作る。そして、「もし30億の借金がなければ、再び多くの人前で歌ういまの俺はなかった」と言うのだ。

借金という苦難を通して、人生にとって何が1番重要なのかに気づいていく。成り上がった10年後に気づいた、本当の幸せについて書かれた幸福論なのである。

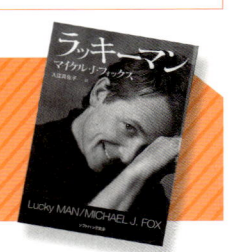

壁4 ラッキーマン

病気を通して本当の幸福に気づく美しい本

マイケル・J・フォックス著、入江真佐子訳／ソフトバンクパブリッシング／定価（本体781円+税）／2005年

俳優マイケル・J・フォックスの自叙伝。パーキンソン病にかかった彼が、闘病生活を軸にこれまでの人生、家族、仕事への思いを綴る。きらびやかな生活から一転して絶望の淵へ落とされた彼は、周囲の人に支えられて徐々に病気を受け入れ、ついには治療法の確立に尽力することを決意する。真に幸福な人生とは何かを考えさせてくれる1冊。

俳優マイケル・J・フォックスさんが失ったのは、健康だった。パーキンソン病という不治の病を患ってしまい、徐々に俳優として活躍できなくなっていく自分。彼はそのことを告白し、病をきっかけにパーキンソン病を研究する財団を作って、患者の活動を支援している。

僕が大好きなのがこの本のP9にある、「**だれかがまこの部屋に駆け込んできて、…（中略）…昔のままのきみで過ごせる十年と取り替えてくれるという取引をしてきた、と宣言したとしたら、ぼくは一瞬の躊躇もなくこう言うだろう。『出て行ってくれ』と**」の言葉。

この病気があったからこそ、本当の幸せに気づいたという、本当に美しい本だ。

何が幸せかは人それぞれだし、自分がどんな病気になるかはわからない。でも、人生というのはそういうものだということを知るために、こうした経験者の通った道を読んでおく。そのうえで自分が何に向かうかがとても大事だと思うのだ。

壁にぶつかったときに読む10冊

壁5 未来事典
3年後の私がわかるサビアン占星術

合理的判断後の占い活用はパワフルなツール！

松村潔著／角川書店／定価（本体2600円＋税）／2002年

本書は、12星座を占星術・数秘術から、象徴的な360のシンボル（サビアンシンボルという）に細分化するサビアン占星術を用い、精密な運命診断を可能にしたもの。各生年月日にシンボルを割り当て、生まれ持った本質や社会的人格を解明する。自分のシンボルの度数に実年齢を加えることで、5年後でも10年後でも、自分の未来を知ることが可能となる。

占いは、ビジネスの世界ではとてもバカにされているけど、かのJ・P・モルガンは「ミリオネアは星占いを信じないが、ビリオネアは星占いを活用する」と言っている。つまり星占いをうまく使えない人は大富豪にはなれないということ。本当にそうで、占いに振り回されるのは愚の骨頂だけど、合理的な判断を突き詰めた後に活用するのは、非常にパワフルな方法。特にいろいろな人と関わるようになると、とっても重要なツールになる。ともすると人間は、自分を相手に投影してしまって、第3者の視点で見ることができなくなる。でも占いは、「自分と人とは違う」ことをわからせてくれるのだ。

週刊誌に載っている12星座占いのレベルではないので、ピッタリ来る人には本当にピッタリ来る。ただピンと来ない人は、あまり参考にしないほうがいいかもしれない。星の角度や時刻が少しずれているだけでかなり違うからだ。占いはもちろんお遊び。だけど、真剣なことをやるためには、一方でお遊び情報がとても重要なのだ。

壁6 バシャールペーパーバック ①〜⑧

現代心理学を先取り未来予測も的確な宇宙人の言葉

ダリル・アンカ著、関野直行通訳（①〜⑥）、北村麻紀通訳（⑦）、くまり莞奈子通訳（⑧）／ヴォイス／各定価（本体1000円＋税）／2002〜2003年

翻訳版原書発行は1987年。「あなたがワクワクすることをしなさい。そうすれば、あなたがこの世に生まれてきた目的に、一番早く行き着きます」という現代でも新鮮さを失わないものがテーマ。宇宙人の存在バシャールとのQ＆Aで物語は展開していく。現在は、ペーパーバック版として1〜8巻がVOICE新書として出ている。

バシャールというのは宇宙人エササニ星人で、チャネ*リングを通して伝えられた言葉が本になっている。宇宙人によって語られた内容が自分にとって意味があるかどうかよくて、大切なのはその内容が自分にとって意味があるかどうかだ。たとえば、自分の夢を実現するにはパーソナリティをバランスが取れた状態にすることが大事だとして、3つの肯定的なエネルギーとして「観念」「感情」「思考パターン」を挙げる。現在の精神医学や心理学を20年も前に先取りするような内容だ。未来予測も的確、インターネット時代の現況を見事に言い当てていた。

僕にこの本を教えてくれたのは、ソニーの土井利忠取締役（当時）。その土井さんにこの本を教えたのが、井深大さんだった。当時、ソニーにはエスパー研究所があり、瞑想室もあった。本田宗一郎さんも最後にはUFOを作ると言っていた。クリエイティブなものを生み出すには、現実的なビジネスの裏に、非合理的なことも大切にする社風があったということなのだ。

※特殊な能力で交信すること

Awakening the Heroes Within
Twelve Archetypes to Help Us Find Ourselves and Transform Our World

壁 7

壁にぶつかったときに読む10冊

僕の内部にあった「死への欲求」を知らせ、次の成長へと向かわせてくれた——この本は僕にとって「命の恩人」

この著者にはぜひ1度お会いしてお礼を言いたい。何しろ僕の命を救ってくれたのだから。

この本を手にしたのはいまから5年ほど前で、当時僕は「ダントツ企業実践会」という約4000社の会員がいるダイレクトレスポンス・マーケティングでは日本最大の組織を運営していた。それをある程度収束させようか、利益の源泉だから維持しようかと悩んでいた時期だった。

ちょうどその頃、車を運転中に何度も事故に遭いそうになった。赤信号が青信号に見えたり、人がいないのを確認したつもりだったのに、気がつくと目の前に人がいて慌てて急ブレーキを踏んだり。

そしてある人に「面白い本があるから」とこの本をプレゼントされたその翌日に、**68キロオーバーのスピード違反で免許停止**になってしまったのだ。

この本は、自分の中には12のアーキタイプ、つまり異なる性格の要素があって、そのアーキタイプのうちのどれが活性化するかによって、いまの個性が決まってくるという。

で、すぐに「**ヒロイックミスインデックス**」というテストをやってみたら、自分をいま活性化しているアーキタイプは「**マジシャン（魔術師）**」で、その欲求の1つには「死への欲求がある」と書かれていた。

そこで僕はハッと気づいた。スピード違反をやってしまったのは、その根底に死への欲求があるからなのだと。免停の通知が来るのを待たずにすぐに運転するのをやめ、その後3か月間は一切運転をしなかった。

そして「死への欲求」は、特に悪い意味だけではなくて、「自分自身を大きく変容させなくてはいけない」ということも示す本でもある。

植物と同じように、僕は人間の成長もらせん的で、花が散って実をつけたら枯れ、また次の種が芽を出すというサイクルの中で生きているような感覚を持っている。だからある程度自分の仕事をやりきった後は、次には死の誘惑が来るのも当然だと思うのだ。『**Sカーブ**』が不確実性を克服する（→P68）のところでも触れたように、モーツァルトもその時期に亡くなった。

いままでやってきた自分とお別れする時期が来たことを悟り、次の成長に準備する自分の性格分析にとどまらず、こうした人生のサイクルをも体系的に教えてくれる本なのである。

だから、**この本は本当に命の恩人**。と同時に、僕を**新しい世界に飛躍させてくれた**本でもある。

毎年黙っていても3億円の利益を生むビジネスを手放す決断をしたのだった。

そして、僕はダントツ企業実践会を休会にし、ので、**この本は本当に命の恩人**。と同

Carol S.Pearson 著／HarperOne／USA$19.00／1991年

人間の精神的な成長は、エゴ（準備）→ソウル（旅立ち）→セルフ（帰還）という3つのステージによって説明できる。そして、各ステージにおいて、人間の精神はそれぞれ4つのアーキタイプ（原型）、計12の原型から構成されていると考えられる。人間はこれら3つのステージを経ることによって、自分の力を認識し、自己実現することができると説く。

壁 8 [図解] 夢を実現する宝地図
本当にあった！ 世界一簡単に

夢を「視覚化」して簡単に実現する夢のような本

望月俊孝著／三笠書房／定価（本体1000円+税）／2005年

「思考が現実となる」。これは多くの成功者が実践してきた普遍的な成功法則。「宝地図」は、その考えに則り、誰もが自分の夢や目標を実現できるように開発された画期的な夢実現法である。2時間で作れて、1日3分程度眺めるだけで夢を実現させることができる効果的な成功ツールの作り方を、本書は具体的に伝授する。

無から有を生むとき、新しい付加価値を生んでいくときに、大切なものとは何か。それは「希望」を持つことだ。

「なーんだ」なんて思ってはいけない。人間の可能性はとても開かれたもので、自分の生い立ちやこれまでの能力、いま持っているお金などに制限されるものではない。実は可能性を制限しているのは、自分自身の「思考」なのだ。

自分の思考を解放すれば、どんなことでも実現不可能なことはない。そのことを理解したときに、実現するための方法を教えてくれているのが本書だ。

本書の「宝地図」とは、自分の夢をイメージできる写真や文字を活用して作成するもの。自分の夢を実現するために視覚化することで、脳はその夢を実現するために必要な情報元や必要な人に気づきやすくなる。自分で夢を実現するためのリソースを引き寄せるようになるのだ。

やってみて絶対に損はない。

壁 9 傷つくならば、それは「愛」ではない

開いたページが問題解決のヒントをくれる

チャック・スペザーノ著、大空夢湧子訳／ヴォイス／定価（本体2200円+税）／1997年

本書は、ベテラン心理カウンセラーが、1年366日のカレンダーに沿って語る「人間関係」に疲れたあなたを癒してくれる考え方の秘訣集。「癒しをもたらす原則」をまとめたもの。全366のワークブックからなる本書は、人間関係とリーダーシップ、スピリチュアリティ（霊性）をベースとし、著者が独自に確立したヴィジョン心理学に基づいている。

366日分のカレンダーになっている悩み解決の本。その日1日の出来事や課題を反芻しながら、毎晩1ページずつ読んでもいいし、パッと感じたページを開いてもいい。たとえば人間関係で悩んでいるときに開くと、そこには解決になるようなメッセージが書かれているわけだ。信じられない人も当然いると思うけど、僕はキネソロジー、つまり筋反射テストとして考えている。筋肉というのは想像以上の情報を持っていて、無意識のうちに自分が本当に必要としているページを開いてしまうのだ。タロットカードがずっと続いているのも、うまい占い師は筋肉によって本当に必要なカードを引き当てているからなのだ。実際に問題が解決できてきたからこそ、いままでずっと続いている。

仕事の相談に乗ってくれるコンサルタントはいても、人間関係を含めたパーソナルコンサルタント的な存在はなかなかいないもの。そんなとき、この本はあなたの強い味方になってくれるはずだ。

セルフ・セラピー・カード

壁 10

その問題の根本には何があるのか？
その意味を知るための貴重なツール

壁にぶつかったときに読む10冊

『傷つくならば、それは「愛」ではない』（→前ページ）は日めくりカレンダーだけど、こちらはカード。たとえば人間関係のトラブルがあるときにこのカードを引くと、トラブルの根底で起こっていることの意味がわかるようになるという、これまた貴重なツールだ。

新しい付加価値のあるものを作り出そうとすると、どうしても矢面に立つことになるから、かなりしんどい。だけどリーダーはみんな孤独だというように、なかなか相談できる相手はいない。1番身近な人にも相談できないことだってある。そんなときに、**心理カウンセラーのように身近にいてくれる**のがこのカードなのだ。

たとえば仕事でクレームが来たときに、「これにはどういう意味があるのだろう」と思いながらカードを引いてみると、「セクシャリティ」と出たとする。その解説のページを見ると、「創造性を発揮しなさい。それによって新たなものが始まります」と

書かれている。とすると、クレームが来たことをきっかけに、創造性を発揮して、問いに対して何かを生み出す、魅力的な提案をしていくところに、意識のスイッチが切り替えられるのだ。

あるいは、ある営業社員がお客様からクレームばかりもらってくるとき、一般的な合理的レベルの判断だと、その社員を退職させようということになるかもしれない。でも、なぜその社員は同じ間違いを繰り返すのかと疑問を持ちながらこのカードを引くと、「犠牲者」というカードが出たりする。つまり、その人が犠牲になることでバラバラになりかけている組織を保っているということだ。

なぜバラバラになろうとしているのかを考えていくと、過度の営業目標を与えすぎているという組織の問題に気づくかもしれない。その根底の問題に気づかないと、その社員をクビにした途端に次の犠牲者が生まれて、新たなクレームが来ることになる

可能性が高いのだ。

ある段階に入ると、人に対して原因を追及していても前には進めなくなる。結局、自己解決するしかない。その原因を自分で解決できるように、問題の意味を見出していかないといけない。

より根本的な経営上の課題、人間関係上の課題をリーダーが深く知れば知るほど、こうしたツールが役に立つのだ。事実、僕自身もこのカードでかなり救われた。

チャック・スペザーノ著、大空夢湧子訳／ヴォイス／定価（本体3400円＋税）／2000年

心理セラピストが開発した48枚の「カード」を引くことによって、いま困っていることの「本当の原因」「それを癒してくれるもの」「それを突破したときに得られるもの」などがピタッとわかる心理カード＆解説本。親しい友人と一緒にゲーム感覚で楽しむと、心のヒダに分け入るように「正確」で「深い答え」に、ビックリすることもあるという。

勝間和代が語る
「10年後あなたの本棚に残る40冊」はこれだ！

- 壁を乗り越えたいときに読む8冊
- あなたの潜在能力を開花させる6冊
- 大ヒットを飛ばしたいときに読む5冊
- 経営戦略のプロフェッショナルになる8冊
- 未来を見通す力をつける4冊
- 人間・歴史を知る9冊

壁1 プロフェッショナルの条件
いかに成果をあげ、成長するか

誰もが読むべきドラッカーの教えの基本

P・F・ドラッカー著、上田惇生編訳／ダイヤモンド社／定価（本体1800円＋税）／2000年

その先見性と卓越した洞察力によって、ビジネスの世界に圧倒的な影響力を及ぼし、数々のベストセラーを著してきた経営思想家が、仕事において自分の能力を伸ばし、並外れた成果を挙げるためにはどうすればいいかを明快に説いた書。著者が語る自らの人生を変えた「7つの経験」は、プロフェッショナリズムの原点とされている。

この本は個人の生き方と働き方をテーマに、ドラッカーの過去の著作10点と論文1点からエッセンスを抜き出したもので、ドラッカーとしては珍しい自己啓発系の本にまとまっています。

私もドラッカーはひと通り全部読んでいますが、この本はまさに基礎知識として、**プロフェッショナルを目指す人は全員読まなければいけない本**だと思います。

最初に、いま世界で何が起きているか、個人が置かれた状況を説明。その状況の中で自己実現していくためには何をしなければいけないのか、成果を挙げ、何かに貢献し、自らが成長するためにはどのように考え、どんな行動を取るべきなのか。優れた意思決定の仕方や、自分をマネジメントすることの必要性についても語ってくれています。

ほとんどどこかで聞いたことのあるような話ですが、本当にできているのかを改めて問われるようで、思わず「ごめんなさい」と言ってしまいそうな本です（笑）。

壁2 非常識な成功法則
お金と自由をもたらす8つの習慣

この本を読めば成功しないほうが難しい

神田昌典著／フォレスト出版／定価（本体1300円＋税）／2002年

お金と自由をもたらす8つの習慣──①やりたくないことを見つける、②自分にかける催眠術、③自分に都合のいい肩書きを持つ、④非常識的情報獲得術、⑤殿様バッタのセールス、⑥お金を溺愛する、⑦決断は、思い切らない、⑧成功のダークサイドを知る、を公開。「謙虚を嫌悪し傲慢に徹しろ！」「まず、やりたくないことを探せ！」「嫌な客に頭を下げるな！」など、非常識な法則が満載。

神田さんのすごいところは、口当たりのいいことではなく、本当の真実のことを言ってくれるところです。みんなが薄々「そうかなぁ」とか「違うでしょ、そこは」と思っていることをストレートに示してくれます。

たとえば成功者は「謙虚でなければならない」とか「本当に大切なのはお金じゃない」と言うけれど、それは成功した後になって言っていることだとか。

私は30代前半でこの本に出合い、一時期、書いてあることをなるべくマネしてみました。「第4の習慣」で紹介されていたテープやCDを聴いて勉強する習慣や、フォトリーディングもやりましたし、「第5の習慣」の「**殿様バッタのセールス**」もとても参考になりました。「**年収10倍のためのセルフイメージ**」は、まさに私自身のとおりになったので、思わず笑ってしまいました。

この本を読んで、そのとおりにやって成功しないほうが難しいのではないかと思います。ぜひ読むだけでなく、実行してみてください。

壁を乗り越えたいときに読む8冊

仕事は楽しいかね？

壁 3

変化を拒否せず チャレンジを 楽しもう

デイル・ドーテン著、野津智子訳／きこ書房／定価（本体1300円＋税）／2001年

大雪で閉鎖された空港で足止めを食らった著者は、偶然出会った老人マックスから「仕事は楽しいかね？」と質問されたのをきっかけに、日々の仕事の鬱積した感情をぶちまけてしまう。そこから、マックスの一夜限りの講義が始まる。「試してみること」「日々変化が必要であること」など、短くも核心をつくメッセージが光る物語仕立ての自己啓発書。

マッキンゼー時代に同僚に薦められて、「まったくそのとおり！」と納得しながらもとても面白く読みました。大雪のため空港のロビーで足止めされていた主人公が、偶然出会ったある老人（実は高名な実業家）との会話の中で、自己変革についての考え方を学んでいくというお話で、「変化やチャレンジを楽しみましょう」ということを1冊通して語っています。

日々仕事に追われるばかりで将来への希望もないと鬱積した感情をぶつける主人公に答えを導いていきます。**まず目前の課題に集中する**ことが大切で、斬新なアイデアや商品が誕生したのもその結果であるとか、世の中は自分が目標を達成するまで待ってはくれないとか。

日々起こってくる変化を拒否せず、少しずつ試していくことが大切で、「遊び感覚でいろいろやって、成り行きを見守る」といったことを、ストーリーを通して主人公に、そして私たちに丁寧に教えてくれるのです。

壁 4

一緒に働いて 幸せを感じる 本物の上司とは

仕事は楽しいかね？ 2

デイル・ドーテン著、野津智子訳／きこ書房／定価（本体1300円＋税）／2002年

前作でマックス老人と出会ったことで生まれ変わった著者は、望む以上の昇進を果たし、今度は中間管理職としての悩みが降りかかる。再びマックスに連絡を取った著者は、仕事上の人間関係に関する捉え方を覆される。成功を収めた上司たちの共通点を解き明かし、職場での人間関係、勤務環境などについて、豊富な実例エピソードとともに語られる。

続編である本書は、前作とはうって変わって上司と部下の話で、「**すばらしい人と一緒に働きましょう**」がテーマです。原題の『THE GIFTED BOSS』のほうが、中身がわかりやすいです。

幸せな職場、幸せな仕事というのは、**働きたい人と一緒に働けること**です。本書では、部下の問題を解決することに毎日時間を費やし、疲れ果てている中間管理職の主人公に対し、老人が本物の上司とはどんな人かを、たくさんのエピソードを交えながら語ります。

本物の上司は優れた人材が望むことをよく知っているから、部下を育て、やる気にさせ、結果として彼らから助力を得ることができる。だから優れた上司の下には優れた部下が集まるのだと。私もまったくそのとおりだと納得しながら読んでしまいました。

そうした上司をどうやって探すのか、あるいは自分がどうやって本物の上司になるか。ストーリーを通じて学ぶことができる優れた本です。

5 史上最強の人生戦略マニュアル

口当たりのいい言葉は一切ナシの自己啓発書

フィリップ・マグロー著、勝間和代訳／きこ書房／定価（本体1700円＋税）／2008年

2001年に渡部昇一氏の監訳で『ライフストラテジー』として出版。その後絶版となり、2008年9月に勝間和代訳で復刊した。人生には戦略があり、自分の視点で正しいことであっても、待っていては何も解決しない。そんな当たり前だけれども大切なことを教えてくれる1冊。グローバル化時代に自分の置かれた状況に対する洞察を深める書。

人生には「正しいことをしているのにうまくいかない」ことがあります。そんなときには口当たりのいい自己啓発書をいくら読んでも、なかなか乗り越えられません。本書がいいのは、極めて現実的で「あなたはこうだからうまくいかない」ということが多く書かれているところです。

有名なキャスターで有数の資産家でもあるオプラ・ウィンフリーは、狂牛病の話をして牧畜業者から訴えられ、「正しいことをしているのになぜ？」と疑問を感じ、自分の中に逃げ込んでしまいます。そんな彼女に対して仲のよい弁護士である著者が、自分の人生をよりよく生きるための10の法則を作り、彼女を説得するために1つひとつ丁寧に説明しているのがこの本です。

「犠牲者を演じることをやめる」"見返りの原則"について知っておく」あるいは「マイナス思考の独り言をつぶやいていないか」「マゾヒストと"見返り"の関係」など、中身が本当にエグくて、そこがいいのです。

---

6 ■セールスにおける戦略的人材活用論■
「勝者の法則」
「ジョブマッチング」で強い営業組織をつくれ！

セールスの「4つの素質」の有無を知ろう

ハーバート・グリーンバーグ著、泉田雅典監修、吉田達生訳／ゾディアック／定価（本体1800円＋税）／1999年

「強い営業組織」を作るために必要な人材を発掘し、戦略的に活用する方法を提示。本書で紹介されるのは、人と仕事を結びつける「ジョブマッチング」という考え方。これは、究極的にはその職種が、当人の内発的な動機に基づく得意な仕事かどうかという相性を明らかにし、人材の適切な配置を可能にする、というものである。

「セールスの仕事は訓練次第で誰でもできる」という思い込みが、どこかにありませんか？ 実はセールスには向く人と向かない人がいるから、最初から面接やテストで素質のある人だけを雇って育てればいいじゃないか、というのがこの本の発想です。面白いのは、すべてテストのデータに基づいて書かれているところです。

セールスの素質は、相手に共感しながらも相手を自分に引き寄せる「エンパシー」、自分を証明したいという気持ちの強い「エゴ・ドライブ」、人を喜ばせることがうれしい「サービスマインド」、打たれ強い「エゴ・ストレングス」の4つがあります。

この本によると、私はやればできるレベルではあるけれども、サービスマインドとエンパシーが弱いのでセールスにすごく向いているわけではないようです。セールスを志す人は、まず向いているかいないかをこの本で確認してみましょう。逆にセールスに興味がなくても、実は素質があることに気づくかもしれません。

壁 7 「困った人たち」とのつきあい方

困った相手の行動を理解する分類と対処法

ロバート・M・ブラムソン著、鈴木重吉＋峠敏之訳／河出書房新社／定価（本体680円＋税）／2001年

どこにでもいる「困った人たち」を7つの型に類型化し、その対処法を解説した書。7つの型は以下のとおり――①攻撃型、②不平家型、③貝型、④過剰同調型、⑤否定型、⑥自信過剰型、⑦優柔不断型。このそれぞれについて、実際に成功した対処法が詳しく述べられる。職場のみならず、近所づき合いや友人関係などにも活用できる。

とても実用的で、私にとって本当に役立った本です。会社の上司や部下や同僚、取引先の人など、私たちの周囲には困った人がたくさんいるもの。そうした人たちにどう対処していくかを教えてくれるのです。

本書ではまず、困った人たちを分類して、タイプごとにどんな行動を取るかを解説。タイプごとにどう対応すればいいか、効果的な対処法を説明してくれます。正しく類型化することで、困った相手を「距離をおいて」見ることができるようになり、相手の行動を理解しやすくなるのです。

さらに私が好きなのが **「対処の努力をいつあきらめるか」** のところです。どこで見切りをつけるかは本当に悩むところですが、本書では物理的距離を取って相手を見なくてもいいようにするとか、他の部署に異動させて組織上の距離を取るといったことが書かれていて、スッキリ納得できます。距離を置いて見られることは、お互いにとてもよい対処の仕方だと思います。

壁 8 人脈づくりの科学
「人と人との関係」に隠された力を探る

緩やかなネットワークほど情報に富む

安田雪著／日本経済新聞出版社／定価（本体1900円＋税）／2004年

優れた人脈は、「①知り合いの知り合いが大事、②つながる数よりも質が重要、③よく会う仲間（同僚）よりも遠くにいる人が役立つ、だからこそ人脈の中に意識的に『すきま』をつくろう」と解説。人脈作りの原則を40挙げ、「優れた人脈とは結果の出せる人間関係」「結果につながる人間関係は、感情ではなく意志によってのみつくりあげられる」と説く。

優れたネットワークとはどういうものか、目的に応じてネットワークを作るにはどんな方法があるかなど、**戦略的な人脈の作り方を40の原則に基づいて説明してくれています**。人脈が大切なのは当たり前の話ですが、この本が衝撃的なのは、**「緩やかな、弱いネットワークを作れ」** と言っているところです。

たとえば **「密度の高いネットワークは、情報収集機能が弱い（原則5）」** といった発想が書かれている本は、他にありません。実際、密度の高いネットワークは煮詰まってしまって新しい情報に乏しいのです。

緩やかなネットワークを作ることで新たな関係性が始まり、情報収集の幅が広がる。ブログなどは緩やかなネットワークの典型です。また **「異質な他者との接触を重視しよう（原則15）」** とあり、私も意識的に違う人脈のブリッジングをしています。

社内の濃密なネットワークの中にだけ漬かっている人には目からウロコだと思います。

あなたもいままでの10倍速く本が読める

常識を覆す速読術「フォトリーディング」

潜在能力 1

速読よりも周辺視野が広がる「認知の訓練」

ポール・R・シーリィ著、神田昌典監訳／フォレスト出版／定価（本体1300円＋税）／2001年

神田昌典氏がアメリカで自費出版されていた原書を日本で翻訳。発売後すぐにベストセラーとなり、一大ムーブメントを作った本。単なる速読に留まらず、潜在意識を活性化し全脳を使うフォトリーディング・ホール・マインド・システムが正式名称。準備→プレビュー→フォトリーディング→アクティベーション→高速リーディングの5つのステップで速読法を解説。

ご存じ、フォトリーディングの本です。実際には講習を受けないとマスターは難しいと思いますが、内容をつかむにはまずこの本を読んでおくべきでしょう。私自身、フォトリーディングを通じて画像処理の重要性を体感し、良書を多く読む習慣がつきました。簡単に言うと、本に書かれていることを画像として認識して脳にインプットし、文字を後で検索できるようにするテクニックです。

まず本を読む前に「なぜこの本を読むのか」この本から何を得ようとするのか」という課題を設定し、全体にざっと目を通してキーワードや質問を立てます。それからソフトフォーカスし、リラックスした状態で本のページをめくりながら、書かれている情報を画像として脳に残していきます。こうして画像として残しておいた情報を、キーワードや質問に応じて引き出すのです。

フォトリーディングは単なる速読術ではなく、**認知の訓練**だと思っています。周辺視野が広がり、人の探し物を一瞬で見つけた経験も、1度や2度ではありません。

あなたの潜在能力を開花させる6冊

本を読む本

潜在能力 2

段階を追って本の読み方を教えてくれる

M.J. アドラー＋C.V. ドーレン著、外山滋比古＋槇未知子訳／講談社／定価（本体900円＋税）／1997年

1940年にアメリカでの原書刊行以来、世界中で読み継がれてきた読書の手引書。読むに値する良書とは何か、読書本来の意味とは何かを考え、知的かつ実際的な読書の技術（初級読書から、点検読書や分析読書を経て、最終レベル・シントピカル読書に至るまで）を解説。単なる読書技術にとどまらず、自らを高めるための積極的な読書へと導く。

1940年に原書がアメリカで刊行され、世界中で読み継がれてきました。ある意味、フォトリーディングの元ネタになっている本ですが、テクニック的なことにはまったく触れられていません。著者と対話するように読むと、著者が伝えたいことをどのように学び取るかといった、読書の中身が主題になっています。

具体的には、ただ読むだけの初級の読書から点検読書、分析読書、テーマに沿った複数の本を比較して読むシントピカル読書まで、段階を追って読書の仕方を教えてくれます。また、読書の内容と自分の経験とがどのように行き来するか、読書とともに自分がどうやって成長していくか、といったことも丁寧に書かれていて、本を読むことのすばらしさを伝えてくれます。

二流の本を再読したときには色あせて見える、という話もあってとても面白いのですが、この本は確かに色あせません。今回、私と神田さんで推薦した本は、みんな色あせない一流の本ばかりだと思います。

潜在能力

ザ・マインドマップ®
脳の力を強化する思考技術

潜在意識を活用し、人間の思考様式に近い形で物事をまとめる方法

あなたの潜在能力を開花させる6冊

マインドマップとは、ひと言で言うと「物事のまとめ方をなるべく人間の思考様式に近い形にするノートの取り方」です。

やり方は簡単で、真ん中に主題を書き、そこからキーワードをつけながらサブツリー、サブサブツリーというように幹や枝を伸ばしていきます。それにイラストをつけたり色や形をつけたりしながら、頭の中で考えているイメージをそのまま紙に映し出すようにしていくのです。

何かの情報やアイデアを頭に入れていくときに、雑多に入れていくのと、情報を関連づけたりキーワードをつけて入れていくのとでは、アウトプット時に大きな差が出ます。さらにグルーピングしたり、絵やイラスト、写真などを加えるとますます効果的です。

人間は「顕在脳」と言われる言語処理系の処理能力は実は低く、「潜在脳」という画像系・イメージ系・記憶系の処理能力のほうがはるかに高いということが各種の研究や実験結果で証明されてきました。写真や絵のあるブログとないブログでは、理解度がまったく違うのもそのためです。マインドマップは潜在意識の使い方とか、潜在意識への刺激の与え方が非常に優れたノートの取り方なので、ぜひやってみてください。

セミナーなどで得た情報をその都度マインドマップに落とす習慣をつけると、画像と文字の間を行き来しながら頭を使うことになり、とても有意義です。フォトリーディングをした後で、覚えた内容をマインドマップに落とすのもいいでしょう。

私は家でマインドマップを作るときは、20色くらいのカラーペンを用意していますが、外出先では普通の4色ボールペンで、A4ノートや手帳に書き込んでいます。マインドマップに関してはいろいろな本が出ていますが、この本が最も正統派なので最初に読む本としておすすめします。また公式サイト（http://www.mindmap.ne.jp/）もあります。セミナーも随時開催されていて、私も参加しましたが、参考になることがとても多かったです。

トニー・ブザン＋バリー・ブザン著、神田昌典訳／ダイヤモンド社／定価（本体2200円＋税）／2005年

脳の働きに沿って、絵を描くようにブランチを放射に伸ばしていく思考ツール、マインドマップ。記憶力・集中力・創造力を高め、プレゼンテーションやスピーチに役立ち、さらには人生のコントロールも可能に。脳と学習の世界的権威であるマインドマップの発明者が、自らそのメカニズムと効用を、豊富なカラー実例とともに解説したバイブル版。

英国のテンプル・マーケティング創設者のナイジェル・テンプルによるマインドマップ。各分野の顧客のマーケティング・ニーズを検討する目的で作られた。

出所：『ザ・マインドマップ』

頭脳の果て
驚異の加速学習法25年の集大成

潜在能力

復刊された加速学習など能力開発の原典

ウィン・ウェンガー＋リチャード・ポー著、田中孝顕訳／きこ書房／定価（本体1800円＋税）／2005年

フォトリーディングに多大な影響を与えた書。驚異の常識を覆す加速学習法25年の集大成。付録の「速聴®」2～4倍速プログラムでウェルニッケ中枢にある脳神経同士のつながり（シナプス接合）を増やす。シナプス接合が密になると、集中力、記憶力、理解力などがアップするという。あなたの潜在能力が開花するヒントがいっぱい。

『ハイ・コンセプト「新しいこと」を考え出す人の時代』（→P98）は、より高度な知力が求められていることを概念的に説明していますが、この本はその具体的なやり方を教えてくれています。20年前に出された加速学習など能力開発の原典のような存在で、2005年に復刊されました。フォトリーディングの他、私も行っている**イメージストリーミング**についても書かれています。

イメージストリーミングは視覚化力の実践方法の1つで、頭の中にいろいろな画像を思い浮かべながら、新しいことを考えていく訓練です。詳しくは本書に譲りますが、座り心地のよい椅子に座った状態か、ベッドに横になった状態で目を閉じ、イメージを思い浮かべ、そのイメージを大きな声で説明していきます。

毎日1回この訓練を繰り返すことで、頭の中の画像をイメージする習慣ができ、さらにイメージしたものを五感で感覚に表すことで、画像と自分の感覚との新しい結びつきが生まれるのです。

EQ
こころの知能指数

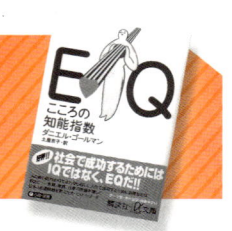

潜在能力

会社はEQを高める最高の訓練所

ダニエル・ゴールマン著、土屋京子訳／講談社／定価（本体980円＋税）／1998年

仕事に成功し、人生をよりよく生きるために必要な能力は、単なるIQではなく「こころの知能指数（EQ）」だとする。EQとは、自制、熱意、忍耐、意欲等に基づく、他人の感情を読み取る能力、人間関係を円滑に処理する能力のこと。脳の仕組みの解説から、EQの定義や概念、その教育法までが、豊富な事例や科学的データを交えて述べられる。

この本は20代半ばで読みましたが、もっとEQを高める訓練をしなければいけないと自覚させられた本でした。当時の私は会社勤めをしていましたが、EQはあまり高いほうではなかったと思います。EQテストをして、一緒にチームを組んでいた女性の同僚に「ウソだ！あなたはもっと低いはずだ」と言われたこともありました。

人間の人格や能力は、IQだけで測ることはできません。EQはマルチプル・インテリジェンス（多重知能、多元知能）に近いもので、本書は人間関係を築く力や自分の情動をコントロールする能力など、情動に関してのクオリティを高めることの大切さを繰り返し説明しています。

他人と調和し、相手と共感しながら実力を発揮できるのは、まさにEQの部分。**会社はEQの最高の訓練所**です。IQは自分単独でも高められますが、EQは人との関わりの中で高まっていくものです。自覚を持ってEQを高める努力をしてみましょう。

あなたの潜在能力を開花させる6冊

潜在能力
「経験知」を伝える技術
ディープスマートの本質

経験のレパートリーを増やし無意識の感覚で判断できる力を蓄積しよう

あなたの潜在能力を開花させる6冊

いまさらディープスマートですみません、という感じですが、この本はいい本です。いかに自分たちの直接の経験に立脚した洞察や専門知識、そして暗黙知が大事か。ディープスマートは信念を持てば個人にも組織にもきちんと貯めることができますし、実際に利用することもできます。本書はその方法についても教えてくれています。

私が特にポイントだと思うのは、「経験のレパートリー」のエピソード（→下図）。経験のレパートリーには、頻繁に起きる経験と珍しい経験があり、一般的によくある状況だけなら、数年程度の経験でも対応できますが、ものすごく珍しい状況に対しては、無意識の感覚での判断力、ディープスマートが働かないと難しい。それは「経験のレパートリー」がないと作れないのです。

たとえば私はよく「インターネットのマーケティングがどうしてできるんですか？」と聞かれますが、「ディープスマートがあるから」としか言いようがありません。19歳の頃から延々と毎日ネットをやって、短い日で3時間、長い日で丸1日、それを20年間繰り返しているとネットで何をすべきかが皮膚感覚でわかります。それはどんなにネットマーケティングの本を読んでも、できない人はできません。逆に私は、ネットマーケティングの本などほとんど読んだこともないけれど、直感でわかるのです。

ディープスマート力は、フレームワークで処理できない情報を入手したときに、どう対応するかにも表れます。逆に、フレームワークを使って取捨選択をする積み重ねが経験値となり、「カン」が身についてきます。それが長年続くとディープスマート力になっていくのです。

ただ漫然と業務をこなすのではなく、経験の積み重ねの過程でディープスマート力を意識しておくことはとても大切です。ディープスマートの概念について知っておくためにも、この本は必読です。

ドロシー・レナード＋ウォルター・スワップ著、池村千秋訳／ランダムハウス講談社／定価（本体2200円＋税）／2005年

「蓄積された経験知を、いかにして組織内で移転するのか？」に迫った1冊。「暗黙知」の形成段階まで立ち返ってその性質を解き明かし、豊富かつ具体的な事例に基づいて移転手法を分析・解明した画期的な本。なぜ、ディープスマートが必要なのか、組織と個人でのディープスマートの育み方など、眠れる智慧を継承するために必要な1冊。

経験の分布

縦軸：経験の数
横軸：経験の種類
中央：最も一般的な状況
右端：珍しい状況

出所：『「経験知」を伝える技術』

ホイラーの法則〈新装版〉
ステーキを売るな シズルを売れ！

大ヒット 1

言葉を変えるだけで驚くほど商品が売れる！

エルマー・ホイラー著、駒井進訳／ビジネス社／定価（本体1359円＋税）／1993年

ホイラーの5つの公式――①ステーキを売るな、シズルを売れ！、②手紙を書くな、電報を打て！、③花を添えて言え！、④「もしもし」と聞くな、「どちら」と聞け！、⑤吠え声に気をつけよ！ など、現場で使える営業ノウハウが満載。原書刊行が1937年だが、売る側と買う側の心理を人間性の本質レベルで捉えているため、現代でも大いに使える。

営業分野における名著中の名著です。セールスがやりたい人、セールスに携わる可能性のある人には必読書で、本当に役立ちます。文章が本当にビビッドなので、営業以外の部門の人でも楽しくスラスラ読めます。

この本で最も有名なのがご存知「シズル」という表現で、これはステーキがジュージュー鳴る音のことです。ステーキを売るのではなく、物ではなく、「匂い」と「音」を売れと著者のホイラーは言います。つまり、**物ではなく、感じるものを売れ**ということです。

「洗濯ばさみ」のエピソードも有名で、洗濯ばさみがなぜ角形になったのか、その質問に店員が答えられなかったのですが、「転がりません」と言った瞬間に大ヒットした話や、ガソリンスタンドで「満タンにしますか？」と言っていたのを「何ガロン入れますか？」と言い換えたら売上が急に伸びたという話が載っています。

セールス・マーケティングの本ですが、**コミュニケーションや言語の話に置き換えて読んでも面白い**でしょう。

大ヒットを飛ばしたいときに読む5冊

売り込まなくても売れる！
説得いらずの高確率セールス

大ヒット 2

上下関係でないセールスの画期的手法

ジャック・ワース＋ニコラス・E・ルーベン著、坂本希久子訳、神田昌典監修／フォレスト出版／定価（本体1500円＋税）／2002年

約30業種、300人以上の全米トップセールスマンに同行した著者が、つぶさに彼らを分析したところ、通常の営業本のノウハウとは真逆のことをやっていた。神田昌典氏が「私の人生は180度変わった。惨めなセールスマンから、いきなりスゴ腕セールスマンになったのだ」と言う本書で、著者は「『買わない客』に1秒たりともムダな時間を使うな！」と説く。

この本に書かれているのはまったく新しいセールスパラダイムで、ものすごく正しい意見だと思います。特に納得できるポイントは、自分はこういうものを提供できるので、その提供できるものをほしい人がいたら、紹介してほしいというやり方です。もし先方があまりほしくないようなら、「じゃあ、結構です」ということで話をストップします。

つまり、セールスが上下関係ではないのです。買っていただく、買ってやるという関係では互いに相手を大事にできません。客に売り込もうと考えるのではなく、相手とどうすれば1番いい状態になれるかを追求していくプロセスは本当に正しいと思うのです。

『ブルー・オーシャン戦略』（→P53）に近い発想で、みんながレッド・オーシャン的な考えで売り込み合戦をしている中で、自分のものを必要としてくれるところにいくので、競争する必要もありません。**セールスをやる人は絶対読んでおくべき1冊**です。

3 大ヒット

クチコミはこうしてつくられる
おもしろさが伝染するバズ・マーケティング

いかにハブに情報を伝え口コミを広げるか
広告、販促関係者必読の書

大ヒットを飛ばしたいときに読む5冊

純粋に口コミの本で、『急に売れ始めるにはワケがある』（→P49）よりも細かいことが具体的に書かれています。口コミが広がりやすい（本書で言う「バズ」を生みやすい）製品を持つことの重要性や、いかにハブに情報を伝え、ハブから情報が広く伝わるようにするかについても書かれています。

ハブとは「放射状に広がっていくものの中心点」という意味で、本書では情報を広げてくれる人のこと。下の図のように、「通常のハブ」と「メガ・ハブ」の違いがあります。

通常のハブは、何人かの友人に言葉を伝える存在で、メガ・ハブはメディアを通じて無数の人に言葉を伝える存在です。

本書では「MTVのビデオジョッキー」や「ローリング・ストーン誌のライター」を例に挙げています。

メガ・ハブにも「社会的ハブ」と「エキスパート・ハブ」とがあって、社会的ハブは社会的な中心にいるために人々から耳を傾けられる存在なのに対し、エキスパート・ハブは特定の分野で顕著な知識を持つために、人々から耳を傾けられる存在です。

たとえば、私自身はメガ・ハブではなく、エキスパート・ハブなのだと思います。

ですが、まだ社会的ハブに近い存在の広告を作るにも、バズが起こるような広告を作らなければいけないですし、ハブにうまく情報を入れてバズを起こせる仕掛けも必要です。**広告や販促、マーケティングに携わっている人には必読の書**です。

[通常のハブ]

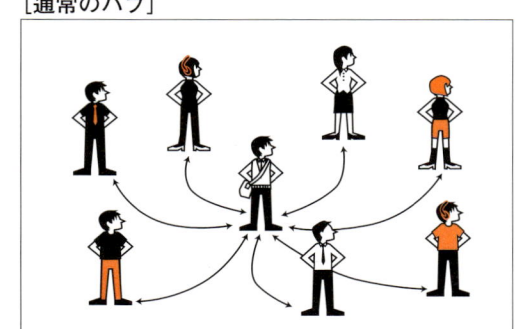

この学生は、双方向のリンクを通じて七人に言葉を伝える。

[メガ・ハブ]

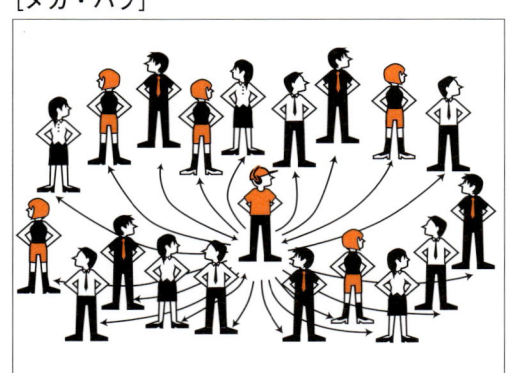

MTVのビデオジョッキーは一方的なリンクを通じて、無数の人々に言葉を伝える。

出所：『クチコミはこうしてつくられる』

エマニュエル・ローゼン著、濱岡豊訳／日本経済新聞出版社／定価（本体1800円+税）／2002年

広告代理店でコピーライターとしての経験を積んだ著者が、新しい商品やサービスをあっという間にヒットさせるために、口コミを発生させコントロールする方法をまとめたのが本書。口コミが広がるメカニズム、口コミを加速させる方法など、人と人とのネットワークの本質と、それを活性化させる方法を説く。

影響力の武器 [第二版]
なぜ、人は動かされるのか

大ヒット 1

人に影響力を与えるための具体的な方法

ロバート・B・チャルディーニ著、社会行動研究会訳／誠信書房／定価（本体2800円＋税）／2007年

アメリカを代表する社会心理学者の1人で、自分自身ダマされやすい人間だったという著者が、セールスマンや募金勧誘者などの承諾誘導のプロの世界に自分の素性を隠して潜入し、彼らのテクニックと戦術に学びながら人間心理における承諾のメカニズムを解明する。科学的知識に基づいて書かれた良書として専門家の間でも高い評価を受けている。

「影響力の輪」を広げることの大切さは『7つの習慣』（→P48）にもあるとおりですが、どうやればいいかについては書かれていません。そのときにこの本を読むと、**人に影響力を与えるための具体的な方法**がわかります。

人に影響力を与えるための具体的な方法と言いますが、人間はある種の引き金によって動かされる確率が高まります。その引き金となるものを**返報性**（何かされたからお返しをしなければと思う心理）、**コミットメントと一貫性**（自分の意志で行ったコミットメントによって、後戻りできなくなる）、**社会的証明**（多くの人間が取る行動を正しいものと認識する）、**好意、権威、希少性**に分類して、それぞれの具体的な事例を示してくれるのです。

権威をどうやって使えば相手を動かせるか、相手にいかに希少性を感じさせ、貴重で価値が高いと思わせることができるのか。『人間この信じやすきもの』（→P52）とセットで読むと、説得する側とダマされる側の両面が立体的にわかっていいと思います。

大ヒットを飛ばしたいときに読む5冊

キャズム
ハイテクをブレイクさせる「超」マーケティング理論

大ヒット 5

溝（キャズム）を埋める戦略がわかるマーケティングの必読書

ジェフリー・ムーア著、川又政治訳／翔泳社／定価（本体2000円＋税）／2002年

「キャズム理論」を提唱したハイテク業界のマーケティング・バイブル。5つに分類した顧客層を、製品のライフサイクルごとにどう攻略すべきかを豊富な事例を用いて説く。各顧客層の間には溝（キャズム）が存在し、それを超えること（特にアーリー・アダプターとアーリー・マジョリティの間の溝）が成功のカギを握るとする。

「キャズム」は、テクノロジーに携わっている人たちの間ではもはや共通用語。この言葉を知らなければ会話にならないし、完全にバカにされてしまいます。

もともとは一般用語で「**溝**」のことですが、技術者用語としては「新しもの好きの人から一般人に移る間には溝がある」といった意味になります。先端にいる人たちにはウケたのに、一般の人たちにはウケないまま消えてしまう商品がどれだけ多いか。その溝をいかに埋めるか、その戦略が書かれているのがこの本なのです。

現在、テクノロジーを使わない新商品など1つもありません。しかし、キャズム理論が必要なのは技術者に限りませんし、私がこの本を推薦するのも、単純に誰にでも必要だからです。私自身、仕事や本を書くうえで、"溝"に落ちないためにどうすればいいかを常に意識しています。

このフレームワークは『急に売れ始めるにはワケがある』（→P49）にもつながります。フレームワークをいくつも持っていると、すべてがつながってくるのです。

経営戦略 1

ザ・ゴール
企業の究極の目的とは何か

ストーリーでTOCの重要性を実感できる

エリヤフ・ゴールドラット著、三本木亮訳、稲垣公夫解説／ダイヤモンド社／定価（本体1600円＋税）／2001年

採算悪化を理由に、突然、本社から工場閉鎖を告げられた主人公アレックス。残された時間は、わずかに3か月。起死回生の策はあるのか！？ はたして、企業のゴール（目標）とは何か。ハラハラ、ドキドキ読み進むうちに、劇的にパフォーマンスを改善させるTOC（制約条件の理論）の原理が頭に入るように構成されている、世界的ベストセラー。

小説仕立てでTOC（制約条件の理論）を学べるうえ、読んでいて本当に面白いです。TOCが大事なことは誰もがわかっていることですが、なかなか体感できません。やはり無意識層まで浸透するには、こうしてストーリーで学ぶことが効果的です。

工場閉鎖まで3か月の猶予しかない工場の業務改善プロセスを描いたものですが、舞台は会社の中だけではありません。本の中には、ボーイスカウトのハイキングに行く場面があって、太った子を1番前にしたら全員が楽に歩けるようになるというエピソードが出てきます。こうした話を通して初めて、いったいどこに問題があって、何がボトルネックなのかが実感できるのです。

本だけでなく、英語のオーディオブック（→P123）がすごくいいので、英語のできる人はぜひ聞いてみてください。登場人物の声がちゃんと変わっていて、本当にドラマ仕立てになっています。離婚の危機の話などもあって、感情移入しながらもとても楽しく聞けます。

経営戦略 2

ザ・プロフィット
利益はどのようにして生まれるのか

「儲けたい」と思っている人の必読書

エイドリアン・スライウォツキー著、中川治子訳／ダイヤモンド社／定価（本体1600円＋税）／2002年

ビジネスの最重要テーマである「利益」発生のモデルを、小説形式でわかりやすく解明する。自社の業績落ち込みに悩む主人公が、「利益の仕組みを知り尽くした賢人」と出会い、そのレッスンを受ける形で物語が展開する。繰り広げられる23のストーリーから、利益発生の秘密、現実に行われている戦略の問題点が浮き彫りになっていく。

23個のビジネスモデルを1つひとつ小説形式で解き明かしながら、必ず「どうやれば儲かるか」を説明してくれていて、気合を入れて全部読むと本当に面白いです。自分で会社を経営している人だけでなく、マーケティングや企画開発者を始め、「儲けたい」と思っている人には絶対にお薦めです。

たとえば、マテル社のバービー人形がなぜ儲かるのか。もちろん子どもにもバービー人形を売りますが、彼女たちが母親になったときには自由になるお金を持っているので、精巧で手の込んだ高級バービー人形を買うからです。「製品ピラミッド利益モデル」と言いますが、最下層にはこうした子ども向けの防衛のための製品があり、最上層には**強力な利益製造マシン**が配備されています。

拙著『勝間式「利益の方程式」』（東洋経済新報社）の裏側にあるのがまさにこの本で、私はあえて「利益モデルを1つにしたらどうなるか」と考えて、あの本を作ったのでした。

ビジョナリーカンパニー
時代を超える生存の原則

経営戦略

理想と現実のズレを知るベンチマーク

ジェームズ・C・コリンズ＋ジェリー・I・ポラス著、山岡洋一訳／日経BP社／定価（本体1942円＋税）／1995年

「真に卓越した企業と、それ以外の企業との違いはどこにあるのか」。2人の著者はこの問いへの答えを求めて、3M、GE、IBM、メルク、P&G、ディズニーなど、長年にわたって卓越した地位にあり続ける企業18社を選び出し、ライバル企業との徹底した比較調査などから、各社の永続性の源泉が「基本理念」にあることを明らかにする。

10年以上前の本ですが、基本書としてぜひ押さえておきたい1冊です。

卓越した企業とはいったいどんな企業なのか。米主要企業のCEOを対象にしたアンケートで選ばれた18社に対して、6年にわたる調査を実施。ここには卓越した企業の特長がすべて述べられています。

ただし、本書には企業が目指すべき姿は書いてありますが、目指すための方法論は書いてありません。また、ビジョナリーカンパニーが必ずしも卓越した存在であり続けられるわけではなく、ダメになっていくこともありますが、そのことについても言及されていません。

それでも企業の理想の姿を確認しておくことはとても大切なので、この本は**誰もが読んでおくべきもの**だと思います。

自分が勤めている会社と卓越した企業とでは何がどう違うのか。ベンチマークにもなるので、どのくらい理想とズレているのかを確認するのにも使えます。

経営戦略のプロフェッショナルになる8冊

ネクスト・ソサエティ
歴史が見たことのない未来がはじまる

経営戦略

ドラッカーの本の中で最も好きな1冊

P・F・ドラッカー著、上田惇生訳／ダイヤモンド社／定価（本体2200円＋税）／2002年

ビジネス界に最も影響力を持つ思想家として知られる著者が、まもなく世界は、経済の変化が社会を規定する時代が終わり、社会の変化が経済を大きく変える時代に突入すると説く。「若年人口の減少」「労働力人口の多様化」「製造業の地位の変化」などの要因が社会と経済にもたらす変動を明らかにし、読者の常識を根底から覆す洞察の書。

ドラッカーの数ある著書の中でも、**私が最も好きな1冊**です。彼のすごさは、まさに予言者のごとく、5年も10年も前に何が起こるかに気づいてしまうことです。本書も2002年に出ていますが、この時点でニューエコノミーも含めて資本主義が基本的にダメだと言っています。製造業がダメになり、若年層がいなくなり、人口が減るなど、現在の問題がすべてこの時点で指摘され、しかもほとんどの答えが書いてあります。ですから6年前だとちょっと早すぎた感もあるので、いま読んでちょうどいいかもしれません。

ドラッカーが亡くなられる前に私たちに教えてくれたことが、何回読み返しても身にしみます。特に**第4章の「資本主義を超えて」**は、いまの私にとって1番大きなテーマです。

社会のリーダーになりたいとか、社会に影響を及ぼしたいと思っている人には必読の本なので、まだ読んでいない方は、**一刻も早く読みましょう**。

経営戦略のプロフェッショナルになる8冊

経営戦略

新訂　競争の戦略

知っていないと話にならない競争戦略についてのフレームワーク

この本は基本本書中の基本書で、私はマッキンゼーに入社してすぐに読みました。何しろこのフレームワークを知らなければ、会話にもなりませんでした。

ポーターの競争のフレームワークが頭に入っていない状態で仕事をするのは、本当に恐いことです。と言うのは、下の図のまん中にある「競争業者」の中だけで戦略を考えてしまうからです。

出版社を例に挙げると、ダイヤモンド社がどうやって儲けるかを考えるときに、日本経済新聞出版社や東洋経済新報社などライバル社の動き（競争業者）だけを見ていると絶対に間違えてしまいます。実はその他の競争要因のほうがよほど重要だからです。買い手である読者がどう動いているか、書店はどう変わっているか（買い手）。優良なコンテンツを提供してくれる著者はどうか（供給業者）。新たにビジネス書に参入してくる出版社や新興の出版社の動きはどうか（新規参入業者）。そして出版業界

5つの競争要因

```
        新規参入業者
            │
       新規参入の脅威
            ↓
売り手の        競争業者        買い手の
交渉力    →              ←    交渉力
供給業者      業者間の         買い手
              敵対関係
            ↑
    代替製品・サービスの脅威
            │
          代替品
```
出所：『新訂 競争の戦略』

の場合、何より代替となるインターネットがどんな形になっているか（代替品）がとても重要になっています。

本書はこうした競争要因について1つひとつ解き明かすと同時に、競争要因にうまく対処し勝ち抜いていくための3つの基本戦略、価値連鎖（バリューチェーン）についても細かく説明しています。

私がフレームワーク力の話をしたときに、参考図書としてこの本の引用をしなかったところ、原著が書いていないと指摘されたことがありました。実はあまりにも基本書なので、当然知っているものだと思っていたのです。ビジネスパーソンなら最低限読んでおくべき本で、たとえば『イノベーションのジレンマ』（→P54）はまさにこの本の「代替品」の話をしているわけですから、この本のフレームワークを知らずに『イノベーションのジレンマ』も何もありません。

読書によってフレームワークをいくつも手に入れることで、フレームワークが重なってより理解が深まる感覚が得られます。その1番のベースとなるフレームワークを与えてくれるのが本書なのです。

M・E・ポーター著、土岐坤＋中辻萬治＋服部照夫訳／ダイヤモンド社／定価（本体5631円＋税）／1995年

いまや戦略論の古典とも言えるポーターの代表作。ミクロ経済学の産業組織論を競争戦略に応用し、産業構造を分析するフレームワークを提示した。産業内における5つの競争要因（競合、新規参入、代替品、買い手、売り手）を明らかにし、自社に有利に働き、競争を支配しうるポジショニングを見出すことが競争戦略の要諦であると説く。

組織の不条理
なぜ企業は日本陸軍の轍を踏みつづけるのか

経営戦略

日本軍の失敗から3つの経済理論を学ぶ良書

菊澤研宗著／ダイヤモンド社／定価（本体2800円＋税）／2000年

「組織の経済学」の理論に基づいて旧日本軍の不条理な行動を分析した書。ガダルカナルやインパールでの日本軍の敗北は、通説とは逆に日本軍の合理的な意思決定ゆえにもたらされたことを、限定合理性の面から解明する。そして、現代の企業組織や官僚組織に見られる非効率で不正な行動の背後にも人間の合理性が潜んでいることを明らかにする。

私がコンサルタント時代に痛感したのは、企業が抱えている問題の多くは、実は戦略ではなく組織の問題にあるということでした。そのため私は組織論についてもかなり研究し、実践でもいろいろなリサーチをしていました。

そのときにとても参考になったのがこの本です。日本軍の第2次世界大戦での失敗を分析していますが、使っているのは**取引コスト理論、エージェンシー流動理論、所有権理論**の3大理論です。

たとえば、取引コスト理論は、いまの戦略をやめて違う戦略に行くためのコストが高すぎるため、少しでも成功確率があるなら、やり続けるほうが経済性が合うという理論です。『スタバではグランデを買え！』（ダイヤモンド社）もまさにこの話ですが、この本なら**3ついっぺんに学べてしまうのでお役立ち度が高い**のです。

なぜ組織が失敗してしまうのか。その失敗を乗り越えられる組織と乗り越えられない組織の違いは何か。この本を読めば理解がとても深まると思います。

まず、ルールを破れ
すぐれたマネジャーはここが違う

経営戦略

部下（自分）の強みを活かす環境を整える

マーカス・バッキンガム＋カート・コフマン著、宮本喜一訳／日本経済新聞出版社／定価（本体1600円＋税）／2000年

膨大な数のマネジャーと従業員に行ったインタビュー調査をもとに、優れたマネジャーは何をし、何をしないのかを解明したのが本書。「経験や知識でなく、才能で部下を選ぶ」「手順は示さず、目標となる成果だけを示す」など、世界中の傑出したマネジャーに共通する常識破りのアプローチを「4つのカギ」とし、その実践法を示す。

優れたマネジャーはどうやって部下を使いこなしているのか。アメリカの調査会社ギャラップ社が、8万人のマネジャーと100万人の従業員に行った調査をもとに明らかにした本です。

基本は、部下の強みを見つけて、その強みを徹底して活かすこと。多くの人は部下に欠点を直させようとして、できないこともやらせようといいますが、それは時間と労力のムダで、**部下が持てる力を最大限に発揮できるように環境を整える**のが優れたマネジャーだというのです。

また、このことは上司の立場の方だけでなく、部下のいない方にも当てはまります。いかに才能を最大限に発揮できるところに自分の身を置くかを考えればいいのですから。自分の強みを発見し、それを活かすという意味で、『**さあ、才能（じぶん）に目覚めよう**』（→P51）とセットで読むことをお薦めします。

経営戦略のプロフェッショナルになる8冊

経営戦略

フロー体験　喜びの現象学

経営戦略のプロフェッショナルになる8冊

幸せを感じつつ成果も挙がる「フロー」状態をいかに持続させるか

「フロー」の概念は日本ではあまり広がっていませんが、欧米では完全に一般用語になっています。著者のチクセントミハイもとても有名な人で、この本はいろいろなビジネス書で頻繁に引用されています。

いわゆるランナーズハイのように、自分がすごく集中していて、他には何も見えないけれど、とても幸せな状態のことを「フロー」と呼び、どんな条件が揃えば人間はフローが生じ、フローはどのように人間に幸せをもたらすのか、なおかつそれはうすれば持続するのか。人間の幸せについて研究した本です。

たとえば、フローの状態で仕事をすることでお金を稼ぎ、そのお金を自分の大切な物や家族の生活に費やす。その状態がまたフローを生む……。人生の中でフロー体験が長ければ長いほど幸せだという発想です。

『ビジョナリーカンパニー2』（→P50）には「情熱を持って取り組めるもの」「自社が世界一になれる部分」「経済的原動力」

あるいは自分の部下をフローの状態で仕事自分自身をフロー状態に保つためにも、

りやすくなるのです。プレーに挑戦させることでフロー状態になまうので、かえって基礎的な練習の中で、うまくボールが返せるようになるほうがフローを感じやすくなります。逆に、能力の高い人に基礎練習ばかりさせていると退屈のエリアに入ってしまうので、より難しいプレーに挑戦させられると不安を感じてしとえばテニスで、初心者がいきなり難しいすい「フローチャンネル」があります。たと「退屈」のすき間にフロー状態になりや調整する方法も研究されています。「不安」また、本書ではフロー状態になるように

を分け合えるのです。自分が幸せな状態になって、周囲にも幸せす。自分の能力が高まり、成果も挙がり、整うとフローの状態になりやすいところでになるもの」の3つの要件が挙げられていますが、これがいいのは、これらの要件が

をさせるためにも、この本はぜひ読んでおくべきだと思います。

M・チクセントミハイ著、今村浩明訳／世界思想社／定価（本体2427円＋税）／1996年

幸福、喜び、楽しさ、自己実現、至高体験などに通底する基本構造を、心理学、社会学、文化人類学、進化論、情報論を駆使し、原理的・総合的に解明した労作。「フロー体験」とは著者のチクセントミハイが提唱した概念で、ある行為に熱中しているときの忘我の感覚のこと。さらに本書では、フロー体験を実現する方法も示されている。

フロー体験の結果、意識の複雑さが増大する理由

出所：『フロー体験　喜びの現象学』

未来 1

ハイ・コンセプト
「新しいこと」を考え出す人の時代

左脳系より右脳系。将来予測と一種のサバイバル本

ダニエル・ピンク著、大前研一訳／三笠書房／定価（本体1900円＋税）／2006年

従来の思考の殻を破ったハイ・コンセプト（新しいことを考え出す人）の時代を迎え、「突出した個人」が持つ6つの感性──デザイン、物語、全体の調和、共感、遊び心、生きがい──の磨き方を説く。「右脳を活かした全体的な思考能力」と「新しいものを発想していく能力」、そしてその実現性を検証する左脳の役割についても数々の事例に基づき言及している。

タイトルに『新しいことを考え出す人の時代』とあるので、一見、自己啓発書のようですが、内容は完全な**将来予測本**です。アメリカでは『A Whole New Mind』（本書の原題）というように、ビジネスパーソンの間でよく話題に出る本のうちの1冊です。

コンピュータが発達し、インターネットが普及、そしてBRICs諸国が追い上げてくる中で、アメリカや日本のような先進国の人間はどうすればいいのか。「21世紀に、まともな給料をもらって、よい生活をしようとしたら、どんな能力を身につけなければいけないか」がよくわかる、一種の"サバイバル本"です。

具体的には「**過剰な豊かさ**」「**競争相手**」「**コンピュータによる代行**」が3つのカギで、将来、自分の能力を発揮するためには、左脳系より**右脳系に行かないと効率が悪い**。だからこそ、デザイン、ストーリー、シンフォニーなどを使いましょうと著者は説きます。

未来 2

フリーエージェント社会の到来
「雇われない生き方」は何を変えるか

若者が読むべき雇われない自立した生き方

ダニエル・ピンク著、玄田有史解説、池村千秋訳／ダイヤモンド社／定価（本体2200円＋税）／2002年

一定の組織に属さない働き方をする人たち＝「フリーエージェント」をレポートした本。彼らは、アメリカではすでに労働者人口の4分の1を占める。おもにインターネットを使って仕事をするフリーエージェントたちが、そうした働き方を選んだ理由、その生活や仕事の実態、さらには、新たな働き方の台頭にともなう社会の変化を分析・予測する。

フリーエージェント、つまり会社に雇用されずに契約を結び、インターネットなどを使って1人で働いている人が、アメリカでは労働人口の約4分の1を占めています。私自身、ここ数年はフリーエージェントに近い仕事のやり方をしていますし、私の周囲の友人たちもフリーエージェント的な生き方をしている人ばかりなので、これから日本でも増えていくのは確実でしょう。

そうでなくても、アメリカで起こったことは日本でも30年後には起こります。将来、社会に起こるのはどういう変化なのか、**将来予測本**として読む価値アリです。特に若い人たちには、将来の選択肢の1つになるので、いま読むことをお薦めします。

著者は『ハイ・コンセプト「新しいこと」を考え出す人の時代』と同じダニエル・ピンク。1年かけて全米を旅し、大勢のフリーエージェントに取材し、そのうえで社会の潮流を考察しました。元々ジャーナリストで博士号も持っているだけに、"深み"が違います。

未来を見通す力をつける4冊

未来③

勝者の代償
ニューエコノミーの深淵と未来

豊かなはずの世の中の表と裏を知ろう

ロバート・B・ライシュ著、清家篤訳／東洋経済新報社／定価（本体2000円＋税）／2002年

1990年代のアメリカ経済は、オールドエコノミーからニューエコノミーへの転換に成功し、不死鳥のごとく甦った。だがその一方で、社会や個人の生活には大きな変化が生じた。労働時間は延び、貧富の差は拡大し、家族や地域社会は崩壊の危機に瀕している。本書では、こうした状況を分析し、経済的勝者が払った代償の意味を問い直す。

技術革新が進み、生産性が上がって、世の中が豊かになった——確かに私たちにとっていいことですが、**いいことには必ず表と裏があるもの**です。

たとえば、24時間営業の店が流行って消費者にとってはすごく便利になりましたが、それは労働者たちが長時間労働をしているということでもあります。物価が下がったら物が安く買えるようになったと喜ぶ人がいて、一方には嘆く生産者がいる。でも実はこれらは同じ人なのです。本書はこうした世の中の両面を説明してくれます。

著者のライシュ氏は、クリントン政権時に労働長官を務めていた人で、いま世の中にどんなことが起きているのかを俯瞰し、さらには将来必要となる人材像や求められる企業家精神、未来の家族像などについても言及していて、**将来予測**本としても面白く読めます。

明日役立つような御利益のある本ではないのですが、こうした本こそもっとみなさんに読んでいただきたいと思います。

未来④

暴走する資本主義

行きすぎた資本主義に警鐘を鳴らす

ロバート・B・ライシュ著、雨宮寛＋今井章子訳／東洋経済新報社／定価（本体2000円＋税）／2008年

現在の資本主義を「超資本主義」と定義づけ、その問題点や対処法を論じた書。超資本主義では、消費者と投資家が権力を持つ一方、民主主義が弱体化し、公共の利益を追求する市民の力も失われてきた。この問題を克服するには、消費者・投資家としての利益が損なわれようとも、市民の力を回復させるような新しいルール作りが必要だとする。

資本主義の歴史を追いながら、20世紀型の資本主義からスーパーキャピタリズム（超資本主義）に変質してきたことが述べられていて、「私たちはこれからいったいどこに行ってしまうのだろう？」と思わせる本です。資本主義がこんなにおかしくなってしまったのは、**民主主義が弱くなっているからだ**というのが本書の基本的なメッセージです。民主主義と資本主義はセットで働くものなので、あまりにも資本主義が行きすぎると超資本家の力が強くなり、庶民の民主主義の力が次第に弱くなってしまいます。しかも政府が企業家によるロビー活動などによってコントロールされてしまい、庶民の声はますます届きにくくなります。

どうすれば民主主義を復権させながら、資本主義のいいところだけを残せるか。行きすぎた資本主義をどう直すかについての提案も、最終章には書かれています。

著者は『勝者の代償』と同じロバート・B・ライシュです。

未来を見通す力をつける4冊

銃・病原菌・鉄（上・下）
一万三〇〇〇年にわたる人類史の謎

人間・歴史

歴史を俯瞰して外部要因の重要性を学ぶ

ジャレド・ダイアモンド著、倉骨彰訳／草思社／各定価（本体1900円＋税）／2000年

なぜ人類は大陸ごとに異なる発展を遂げたのか、なぜヨーロッパ人は他地域を支配できたのか、という人類史の謎を解明した書。著者は進化生物学や言語学の最新知見を駆使し、その理由が人種間の優劣ではなく、地形や動植物相を含めた「環境」にあることを示す。書名は、ヨーロッパ人が外部世界へ進出したとき武器になったものを表している。

なぜある人種が圧倒的優位を保ち、ある人種は征服される側になったのか。文明が栄え、滅んでいく原因は何なのか。人類の運命はどのように決まっていくのか。1万3000年前からの人類史をひも解き、答えが地形や動植物相を含めた環境にあることを導き出します。

この本がなぜビジネスに役立つかと言うと、外部要因の重要性がとてもよくわかるからです。『急に売れ始めるにはワケがある』（→P49）では「3番目の要件」として **外部要因が整う** ことを挙げていますが、ビジネスの成否や商品やサービスが流行るかどうかは、そのときの外部要因によって左右されてしまいます。歴史を俯瞰して見ることによって、私たちはどんな要因によって成否が決まるのかを、広範に理解できるようになるのです。

同じくジャレド・ダイアモンドの著書『**文明崩壊（上・下）**』（草思社）も、ぜひ読んでみてください。人口が増えすぎるとエネルギーと食糧争いになって文明が滅びる。いま、まさしくその状況にあるのですから。

フィンチの嘴（くちばし）
ガラパゴスで起きている種の変貌

人間・歴史

鳥の嘴（くちばし）に学ぶ環境変化への適応法

ジョナサン・ワイナー著、樋口広芳＋黒沢令子訳／早川書房／定価（本体900円＋税）／2001年

多彩な嘴で有名なダーウィンフィンチが生息するガラパゴス諸島。その中のダフネ島で20年にわたりこの種の鳥を研究してきたグラント夫妻は、驚くべき事実を見出した。鳥たちは気候の変動に対応して、「現在」も進化しているのだ！ 種を突き動かす驚異的な自然の力を克明に描き出し、進化は「過去」の出来事にすぎないという固定観念を打破する快作。

ガラパゴス諸島にフィンチという鳥がたくさんいて、その嘴の長さをずっと計測し続けている研究者たちがいます。すべてを個体認識し、家系図をつけて、それをもとにどういう形で自然選択が起きたかを研究しています。乾期にはどの鳥が増えて、どの鳥が減るか。雨期にはどうか。植生の変化がどう影響するのかなどを計測すると、嘴の長さの変化がすべて環境変化に適応して現れてくることがわかってきたのです。

面白いことに、環境に適応した種ほど配偶者が得やすくて、子どもが残りやすくなります。しかし、その子どもが次の年に適応できるとは限らないので、また配偶者が得にくくなり、別の種が残っていくこともある。こうした環境変化と適応の関係が、ストーリー仕立てになっていて、よく理解できます。これをビジネス書としておすすめするのは、**外部環境の変化に対して自分たちがどう適応していくべきか** が学べるからです。フィンチと違って私たちは、**自分で嘴の長さを変えられる** のですから。

人間・歴史

「みんなの意見」は案外正しい

1人の専門家の考え方より衆人の知恵のほうが圧倒的に信用できる理由

1人ひとりが物を考えるよりも、みんなで考えてちょっとずつ知恵を持ち寄ったほうが、ずっと意見が正しくなるという内容です。

たとえば、ウィキペディアもそうですし、グーグルの検索エンジンで、何十億ものウェブページの中から探しているページをヒットできるのもそうです。あるいは選挙結果の予測が正確にできるのも、みんなの意見が正しいからです。

たとえば硬貨をジャラジャラとビンに入れて、「いくら入っている?」と質問して平均値を取ると、実際のビンの中の金額にかなり近くなるそうです。株価の仕組みも集団の知恵を使っていて、みんなが売ったり買ったりすることで適正な価格になっているのです。

私たちは専門家が1人で考えたほうが賢いのでは?という「専門家の誤謬」に陥りがちですが、それは基本的にウソです。いかにしてみんなの知恵を集め合うかといったことが正しくなるには4つの要件があって、「意見の多様性」「独立性」「分散性」「集約性」の4つがない集団の知恵は、大して優れたものにはなりません。

ダイバーシティ(多様性)・マネジメントがなぜ重要かと言うと、いろいろな考え方が集まるからです。

そして私自身、そもそも衆人の知恵を自分の知恵以上に信頼しています。自分の知恵など世間全体から見ればそんなに優れているわけがないからです。いかに外の知識を取り込むかというオープンシステムにしたほうが、ずっと楽なのです。

クローズドシステムとオープンシステムで、結局オープンシステムが勝つのはなぜかと言うと、よい知恵が集まりやすいからです。

国にしても、アメリカのようなオープンシステムの国のほうが、日本のようなセミクローズドの国よりも発展しやすいのは確かでしょう。

たいていの場合、平均とは凡庸であることを意味する。だが、意思決定の際には優秀であることにつながる。私たちは集団としてなら賢くなれるよう、プログラミングされているように思えてくる

とまで言います。もちろん、衆人の知恵が正しくなるには4つの要件があって、「意見の多様性」「独立性」「分散性」「集約性」の4つがない集団の知恵は、大して優れたものにはなりません。

ジェームズ・スロウィッキー著、小高尚子訳/角川書店/定価(本体1600円+税)/2006年

1人の専門家が下す判断より、特別な知識を持たない素人集団の判断のほうが実は正しいことを指摘。ただしこの「集団の知恵」は、集団の成員に多様性、独立性、分散性、集約性が担保されてこそ発揮されるとする。インターネットを中心に広がる「個人の判断の積み重ねが価値を生む」ような、新しいコミュニケーションのあり方を提言。

リスク（上・下）
神々への反逆

人間・歴史

不確実性に立ち向かった壮大な歴史

ピーター・バーンスタイン著、青山護訳／日本経済新聞出版社／各定価（本体714円+税）／2001年

ギリシャ・ローマ時代～現代まで、人間はどのようにして「リスク」を捉え、コントロールしようとしてきたのか？ 賭博師、数学者からノーベル賞学者まで、リスクの謎に挑んだ天才たちの驚くべき人間ドラマを描いた名著。訳者が述べるように、まさに「現代」を理解し、「未来」を展望するための人類思想史を語る壮大な書物である。

原題は『AGAINST THE GODS』で、これは確率に逆らうといった意味の「Against the odds」という慣用句をもじったものです。運命が「神のみぞ知る」だった時代から、人間が不確実性をどうやって管理しようとしてきたか。詐欺師や科学者など、様々な人たちが取り組んできた歴史を、壮大なスケールで描いています。

長年にわたる計測や管理、統計などの積み重ねによって、昔よりもいまのほうがずっと不確実性をコントロールできるようになってきました。

不確実性のコントロールは、近代と現代を分けるものです。行き当たりばったりで判断をするのは、現代ではなくまだ近代を生きているということに他なりません。会社などでは、近代人的な上司による行き当たりばったりの判断が、若い人たちを苦しめているのもよくあることです。

この本を読むと、「先人が積み重ねてきてくれた知恵を使って現代を生きよう」と言いたくなります。

まぐれ
投資家はなぜ、運を実力と勘違いするのか

人間・歴史

偶然を必然と信じてしまう人間の面白さ

ナシーム・ニコラス・タレブ著、望月衛訳／ダイヤモンド社／定価（本体2000円+税）／2008年

大学では不確実性の科学を教え、マーケットでは特異なヘッジファンドを運用している投資のスペシャリストが、トレーディングと人生において「運」と「実力」の区別がどれほど難しいか、また、人間はなぜ自分の知識を過大評価するようにできているのかについて、行動経済学、心理学、哲学などによって明らかにした知的興奮の書。

投資のプロであり科学者である著者が、投資について書いているエッセイです。1つひとつの話がとても面白くて、投資に興味のない人が読んでも楽しめます。人はなぜ投資で儲かると自分の実力だと思い込み、損をすると「運が悪かった」と思うのか。なぜ「まぐれ」を自分の実力だと勘違いしてしまうのかの謎に迫っています。

特に私が大好きなのが「**ハトの実験**」のエピソードです。ハトを箱に入れて、最初は嘴でコツコツやったりするとエサを与えるように仕組みを作り変えた。すると、あるハトは箱の決まった隅で頭を振り、あるハトは頭を反時計回りにするなど、すべてのハトが特定の儀式を身につけて、それがエサと結びついていると思い込んでしまった。これと同じようなことを人間もしてしまいがちだと本書は指摘するのです。

人間をさんざん観察し、みんなの行動を見てきた**30代後半の方**には、この面白さがたまらないと思います。

人間・歴史を知る9冊

人間・歴史

統計学を拓いた異才たち
経験則から科学へ進展した一世紀

劇的に発達した統計学の歴史で知的興奮を

デイヴィッド・サルツブルグ著、竹内惠行＋熊谷悦生訳／日本経済新聞出版社／定価（本体2200円＋税）／2006年

曖昧な経験則から確率論などを導入した科学へと発展した、20世紀の近代統計学について、数多くのエピソードとともに綴るおもしろ統計学史。ピアソン、フィッシャーの2大巨頭を中心に、華々しく繰り広げられる様々な人間模様と知恵比べは非常にドラマチック。ほとんど数式が出てこないので、統計学が身近に感じられる1冊。

「神のみぞ知る」という世界観から、現在の信頼性の高い科学へと進化してきた統計学。その過程で、統計学の異才たちがどんな知恵を絞ってきたのか。

統計学を知らない人には少し難しいかもしれませんが、エピソードもふんだんに折り込まれていて、少しでも興味がある人ならとても面白く読めると思います。

実は科学はこの100年でそう劇的に進んだわけではなく、最も顕著に発達したのは統計学でした。いまから100年前、30年前はあまり賢くないことがたくさんあって、たとえば喫煙とがんの関係も、統計学の発達によって初めてわかったことでした。ちなみに統計学がこれだけ進んだ最大の要因は、コンピュータの劇的な進化によるものです。

歴史は読むとすごく楽しいものですが、ここに描かれた統計学の歴史もまた、本当に知的興奮が得られます。人間の英知の歴史を知りたい、触れてみたいという人にはとても楽しめる本だと思います。

人間・歴史

ウォール街のランダム・ウォーカー（原著第9版）
株式投資の不滅の真理

本書を読まずに投資をするのは無謀です

バートン・マルキール著、井手正介訳／日本経済新聞出版社／定価（本体2300円＋税）／2007年

初版刊行から35年を経て、いまだに読み継がれている個人投資家向けのバイブル。金融学者である著者が、効率的市場仮説をベースに、様々なトピックを軽妙かつアカデミックな筆致で解説する。テクニカル分析かファンダメンタル分析か、短期投資か長期投資かなど、誰もが気になるテーマに加え、最新第9版では行動ファイナンスにも言及。

「明日儲かる」のような題名の投資本が多い中で、この本は偏らずに、正しいことが書いてあります。ファンダメンタルズ分析やテクニカル分析などが意外に儲からないという話がずっと出てくるので、ショックを受ける方も多いはずです。この本を読んで、個人で個別株をやろうと思う人はほとんどいないのでは？　と思います。

「ランダム・ウォーカー」とあるように、基本的に金融商品の将来の動きは予測不可能ですから、どうやってリスクマネジメントをし、投資を考えるかがメインテーマです。リスクとリターンの関係を科学的に丁寧に説明し、マーケットリスクに対してどうヘッジしていくか、各金融商品の平均リターンもすべて説明したうえで、インデックス運用を含めた形の平凡な運用を薦めています。少なくともプロの投資家で、この本を読んでいない人はいないはずです。「これを読まずに投資をするのは無謀」と言いたいです。

ベッカー教授の経済学ではこう考える
教育・結婚から税金・通貨問題まで

経済学のイメージを覆してくれる本

ゲーリー・S・ベッカー+ギティ・N・ベッカー著、鞍谷雅敏+岡田滋行訳／東洋経済新報社／定価（本体2400円+税）／1998年

著者のベッカーは、経済学の分析手法を市場以外の様々なジャンルに適用する研究で有名。その功績でノーベル賞も受賞した。本書でも、教育、結婚、出産から宗教、犯罪、差別に至るまで、日常的なテーマを題材に、経済学的視点で読み解いていく。規制を廃し個々の経済主体の「選択の自由」を重視することの大切さが一貫して主張される。

経済学と言うと非常に難しそうな印象がありますが、その**イメージを覆してくれる**のがこの本です。もともとは「ビジネス・ウィーク」誌に連載したコラムを1冊にまとめたもので、1つのエピソードの長さは3ページ程度。著者はノーベル経済学賞を受賞した経済学者ですが、経済学を身近な事項を通じて本当にわかりやすく教えてくれます。

たとえば、どうすれば生活保護から脱却できるか、年金システムをどう考えるか、刑期を厳しくすると本当に犯罪が減るのか。さらには家族の話や黒人に対する差別、女性の賃金の話、犯罪の話など、身の回りのテーマを経済学的に考えるとこうなります、ということを示してくれます。

個々のコラムの中身については賛成できないこともあるでしょうが、それよりも大切なのは、幅広い視点を持って考えていく、著者の考え方を学ぶこと。**経済学を**ある程度勉強してきた人には特にお薦めです。

第1感
「最初の2秒」の「なんとなく」が正しい

「無意識」の訓練の大切さが身にしみる

マルコム・グラッドウェル著、沢田博+阿部尚美訳／光文社／定価（本体1500円+税）／2006年

『急に売れ始めるにはワケがある』で、クチコミのメカニズムを解明して見せたジャーナリストの著者が、今度は人間の持つ直観やひらめきに迫る。人間には時間をかけなくとも瞬間的に本質に達することがある。本書は、日常生活やビジネスなどの様々な事例を紹介しつつ、この無意識のうちにすばらしい判断を下す能力を理解し、養う方法を教える。

人間の判断は、実は経験や思考によるのではなく、潜在意識から来る直感やひらめきによって行われています。そのことをデータを駆使しながら解いています。

長時間考えた挙句に出した結論より、最初の印象でパッと出した結論や何となく出した結論のほうが正しいのは、無意識のうちに脳が働いて瞬時に的確な判断を下しているからです。「**輪切りの力（スライシング）**」と呼んでいますが、無意識の判断というものがどんな仕組みになっているかが、よくわかります。

たとえば、フォトリーディングも完全に無意識の判断なので、私も以前から無意識の大切さは理解していましたが、この本を読んで「**ここまで潜在意識の力が大きいのか**」と驚かされ、モヤモヤがスッキリしました。

普段から、相手に対しても自分に対しても、いかに無意識に訴えていくか、いかに無意識を含めた訓練を行うかが大切。本書はまた、**無意識による**一瞬の判断力を磨く方法も教えてくれています。

巻末付録①

全国カリスマ書店員9名が語る!
私の思い入れのある1冊

旭屋書店、紀伊國屋書店、啓文堂書店、三省堂書店、ブックファースト、ブックストア談、丸善、八重洲ブックセンター、有隣堂……全国からカリスマ書店員が本企画のために集結!初めて「思い入れのある1冊」を語った。

人間として、社会人として大切なことを教えてくれる

道をひらく

松下幸之助著／PHP研究所／定価（870円＋税）／1968年

一代で松下グループを築き上げた「経営の神様」松下幸之助が、自身の体験と人生に対する深い洞察をもとに綴った短編随想集。取り扱われているテーマは、人生訓的なものから、仕事や経営の心得、政治への提言まで幅広く、1968年の発刊以来、職種や世代を問わず数多くの人に読み継がれている。何度読んでも色褪せない珠玉の指南書である。

旭屋書店仕入統括課係長　北川英樹さん

これまでに累計400万部も売れている「経営の神様」によるベストセラー。地元・大阪の各店舗では、いまも松下幸之助さんのコーナーが必ず設けられているほどです。

私が新入社員のとき、先輩社員に「1番売れている本」として本書を紹介されました。しかし、実際に読んだのは5〜6年経ってからで、ちょうど私の役職が上がった頃でした。読み終えたとき、「もっと早く読んでおけばよかった」と後悔したのを覚えています。

「謙虚と素直さ」が繰り返し述べられていて、そ

れが人間として、社会人としていかに大切かを教えられました。実際にマネジメントで人を使おうと思っても、うまくいかないものですが、それは本書にあるように、部下に対して一方的に思いを伝えているからでしょう。

私自身、時折読み返しては、「謙虚さと素直さ」を常に心に留めるようにしています。「40年も前の本ですが、「雨が降れば傘をさす。（中略）天気のときに油断してその用意をしなかったからだ」など、いまのビジネスに通じることがたくさん書かれています。

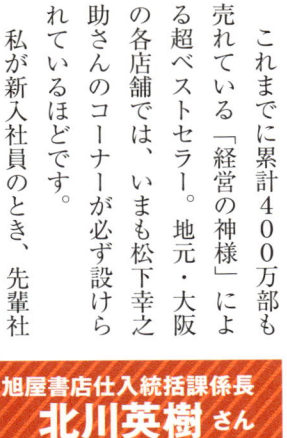

出版前に内容を読ませていただき、「これは面白い」と感じました。経営書でもあり、ビジネス小説でもあったからです。たとえば、「1つの深刻な事故の裏には表に出てこない29の軽い災害があり、その下には300のヒヤッとした経験がある」という「ハインリッヒの法則」を、著者はアイデアのほうに変換します。

「自分が面白いと感じるアイデアを思いついたら、同じアイデアを思いついている人が300人いる。そのうち29人はアイデアの実現に向けて動いている」。

経営書？ ビジネス小説？ 目からウロコが落ちるかも

謎の会社、世界を変える。
——エニグモの挑戦

須田将啓＋田中禎人著／ミシマ社／定価（1600円＋税）／2008年

「バイマ」「プレスブログ」「フィルモ」など、Web2.0時代の「世界初」サービスを連発する注目のベンチャー「エニグモ」。本書は、そのエニグモを立ち上げた2人を中心に展開される起業物語である。時代が求めているものを察知し、ビジネスに組み立てる明晰なロジックと、思い描いたプランを実行に移す力に、数多くの絶賛の声が寄せられた。

紀伊國屋書店新宿本店第一課　池田飛鳥さん

だから決断とスピードが重要だと書いているんですね。こういう考え方のできる人はすごいなあと思いました（笑）。

著者の方とお会いし、「新宿本店1階ではテレビや新聞の影響が非常に大きい」とお伝えすると、すぐにテレビ東京系「ワールドビジネスサテライト」に出演されるなど、そのスピードと実行力には感心させられます。

若手のビジネスマンにはもちろんお薦めですが、ちょっと頭が固まってしまいがちの管理職の方たちも、目からウロコが落ちるかもしれません。

新版 考える技術・書く技術
――問題解決力を伸ばすピラミッド原則

バーバラ・ミント著、グロービス・マネジメント・インスティテュート監修、山﨑康司訳／ダイヤモンド社／定価（本体2800円+税）／1999年

論理的思考に基づいて、説得力のある文章を書く方法を説いたビジネス文章法の超定番。結論をトップに据え、その下に細分化したメッセージを展開していく「ピラミッド原則」を提唱。それこそが人間の思考メカニズムに合った文章構造だとする。著者はマッキンゼー出身で、世界の主要コンサルティング会社で文章術を指導している。

10年後も残る本として、常に棚前に置きたい

啓文堂書店神田駅前店副店長　吉田隆明さん

10年後も本棚に残しておく本として、この本を選びました。すでにロングセラーですが、10年後にも古典として残っていてほしいです。

ポイントはいくつかあって、まず装丁がシンプルで時流に左右されません。タイトルが内容を表していて、内容自体も普遍的なテーマです。そして考えることや書くことは誰にも欠かせないコアの技術であり、そのジャンルでは代表的な本だと言えます。同じテーマで初心者向けの本はたくさん出ていますが、やはり深い部分まで理解し、習得するにはこの本を読んでいただきたいですね。何しろ、この本は読み解くだけでも読解力がつきますから。

こうした本は、何か別の本を読んでいたらその中で薦められていたり、引用されていたり、ネット上で誰かがこの本について書いていたり、あるいは上司が後輩に教えたりという、"情報の平行性"によって、求めている人は必ずどこかでたどり着くものでしょう。

書店員としては常に棚前に置いておくべき基本書ですし、読者の方にもぜひ読んでいただきたいです。

世界観が一変！私がロジカルシンキングに目覚めた本

三省堂書店MD販促部マーチャンダイザー　鈴木昌之さん

この本に出合ったのは入社3年目。上司に薦められて読んでみて、**世界観が一変**した記憶があります。それまで仕事の中で感じていたモヤモヤがスーッと晴れた気がしました。だから店頭ポップにも、「私自身が論理的な考え方に開眼した本です。本当にお薦めです」と書いて売っていました。

私は文学部出身で、それまで論理的な思考とは無縁でした。この本を読む前は、「とりあえず10冊」などと出版社に注文していたのですが、一読後、ロジカルシンキングに目覚め、数字にはすべて裏づけがあることを理解できるようになりました。現在では、各支店での売場の論理、本部の論理を少し引いたところで見られるようになりました。

こうした論理的思考の本を読むメリットは、いろいろなオプションを持って考えられるようになることです。入社直後よりも何年か経ち、仕事の中での疑問やモヤモヤがある状況でこの本に出合うほうが、「これだ！」という感覚をつかめると思います。

戦略シナリオ［思考と技術］

齋藤嘉則著／東洋経済新報社／定価（本体2400円+税）／1998年

戦略シナリオとは、戦略の台本という意味。戦略は立案しただけでは機能しない。実行する組織、それを構成するメンバーを動かす筋書きでなければならない。そのシナリオには、どんな場合にも共通する心臓部（戦略エンジン）がある。本書は、この戦略エンジンを作るために必要な戦略思考と戦略構想の考え方を身につけるための実践的テキスト。

〔新装版〕一流の条件
——気品あるビジネス・スタイルを極める

山﨑武也著／PHP研究所／定価（本体1000円＋税）／2006年

気品ある一流の人になるために、①自分のスタイルをつくる、②一人前のエグゼクティブ、③宇宙的規模で自分を見る、④一流の条件とは何かの観点から解説。必ず人に好かれる法、ファッションの4要素、忙しがる人は忙しくない人、生兵法は知らぬに劣る、騙そうと思えば騙される、腹が立ったら怒らない、努力しないで成功する方法などを解説。

初めて"日本一売った"思い出の本。いまこそ再読のとき

ブックファースト新宿店店長　梶野光弘さん

この本は私が初めて「日本一売ったビジネス書」で、とても思い出深い本です。大阪のとある100坪の店で、1店舗だけで数千冊を売りました。時はバブル真っ盛りの頃。当時はまだ「一流」という言葉はあまり表には出てきていませんでしたが、雑誌などを見ると、「一流と言われるものを食べてみたい」「一流のものを着てみたい」「一流のものを見てみたい」といったムードが漂っていました。

そんなときに事前にこの本の内容を読ませていただき、中身もわかりやすいし、「これは売れるんじゃないか」と感じました。そこでポップや陳列場所、陳列方法を変えるなど、いろいろ工夫しながら、部数を積み重ねていったわけです。

しかし、いまの時代にどこまで説得力があるかは、正直難しいところ。『品格』ブームの一方で、『ミシュラン』を巡る一連の騒動のように、日本人は風潮に流されてしまいがちです。現在の各々の足場を見直してみる意味では、再読すべきタイミングなのかもしれません。

なぜか当店だけで売れ続ける！基本と心構えの本

ブックストア談浜松町店　内田良憲さん

あまり知られている本ではないのですが、うちの店でフェアをするたびに売上ベスト3に入る、不思議な売れ方をする本です。しかもなぜかうちの店だけで売れています！（笑）

羽田空港への玄関口、地方から出張などでお立ち寄りになる経営者や役員の方が多いという、当店ならではの立地条件が影響しているのかもしれません。

売れている理由は、特に中小企業経営者や役員の方に、経営の基本と心構えをわかりやすく説いているこ とでしょう。「懐深くあれ」「社長が自ら語る」

社員1人ひとりの顔が見えるような規模の会社では、特に説得力があります。

また、「褒めるのは人前で、叱るのはマンツーマンでタイミングよく」といった話などは、私自身、従業員の立場として読んでみて、「こうしてくれればモチベーションが上がるな」と確かに思います。

社長ならずとも、部下を持つ人、その立場を志す人にはお薦めです。この本はすでに8年売れ続けているので、10年後にもきっと残っているでしょう。

倒産しない強い会社をつくるための社長の仕事

原田繁男著／すばる舎／定価（本体1500円＋税）／2000年

中小企業経営者が必ずチェックすべき40の視点を解説。会社が繁栄するのも滅びるのも、社長次第。社長の器以上に会社は大きくならない、社長の魅力は経営ビジョンに左右される、権限は委譲できるが責任は移譲できない、Bランク商品の見極めが重要、仕事は任せても責任は任せない、言葉は心を表す、など強い会社にする情報を収録。

10年後の古典として、常に棚前に置いておきたい本です

戦略の原点

清水勝彦著／日経BP社／定価（本体1600円+税）／2007年

テキサス大学のMBAコースで戦略論の教鞭を執る著者が、経営戦略の基本中の基本をわかりやすく解説。本書で言う基本とは、野球の素振り、算数の九九のようなもので、反復学習で体得すれば成功に結びつくという。そして戦略の基本は強みを活かすことであり、目的を明確にし、3C（自社、競合、顧客）を的確に把握することが重要だとする。

丸善丸の内本店 和書グループ一般書売場長補佐
宮野源太郎さん

著者いわく「経営戦略の九九」の本で、経営戦略の基本が具体例を交えながら本当にわかりやすく、正確に書かれています。ともすると精神論に傾いたり、読みづらかったりする経営戦略の本が多い中で、非常に感銘を受けた1冊。ついつい何度も読み返してしまう本です。

特に共感したのは、「経営戦略にがんじがらめになるのではなく、**直感的な部分**も大切で、バランスを取りなさい」という著者の主張が入っているところ。

私自身、大勢のスタッフを持つ立場ですが、現場にいると本当に五感の大切さを感じます。

実は最初に読んだのは著者の前作『なぜ新しい戦略はいつも行き詰まるのか？』（東洋経済新報社）で、最後のほうに「やってみなけりゃわからない理論」が展開されていました。現場の人間としてはちょっと感動的で、すっかり著者のファンになってしまったんです。

特に『戦略の原点』をきっかけに古典をたどることも可能ですし、新しい戦略を見つける基礎にもなります。10年後もぜひ読み継がれてほしい本です。

悩めるリーダーだった私に、方向性を示してくれました

柴田陽子著／インデックス・コミュニケーションズ／定価（本体1500円+税）／2008年

日本交通など、成功するチームのルール作りを手掛けてきた著者が、小さなチームから大きなチームまで、部下を抱えるチームリーダーに向けて、「リーダーは何を最初にすべきか」「それをどうやったらできるか」を現場で実践しやすいように書いた本。行動指針を行動に落とし込んだ「スタンダード」の作り方とメンバーとの共有の仕方などを丁寧に解説。

八重洲ブックセンター本店販売課2階フロア長
木内恒人さん

リーダーシップの本ですが、"論"だけでなく、リーダーがビジョンを持って行動指針を作り、それをさらに実際の行動、職場のスタンダードに落とし込む。そのスケジュールも非常にわかりやすく書かれています。

著者は様々な大企業でビジョンや行動指針作りに携わっている方ですが、売場にいらしたときの印象は、むしろ控えめな方で非常に好感が持てました。

特に私のような、リーダーを任されてあまり時間の経っていない人には、非常に実務的で使いやすいのではないでしょうか。

独特なタイトルで、初めて見たときは、ドキッとしたんです。発行がちょうど私がいまの売場に異動してきたときで、現場の責任者としてどうしようかと悩んでいたので。

その直前は郊外のイトーヨーカ堂に入っている店の店長で、売れるのは『コロコロコミック』や主婦向けの雑誌。本店・支店の違いもありますし、扱う本もビジネス書とはまったく違いました（笑）。そんな環境変化の下で、改めて部下を持つことになったので、この本が響いたのだと思います。

行きつけだったお店が本に！驚くほど優れた経営書です

有隣堂ヨドバシAKIBA店第一営業本部店売課
門脇順子さん

ベルクは私が有隣堂新宿店（現在閉店）にいた頃、常連客として通っていた喫茶店のような大衆飲食店。本当にすごくおいしくて安いんです。
そのお店の本が出ると知り、ビックリして、「50冊売ってみよう」と思ってこの本を注文しました。
読んでみると、**読み物としても感動できるし、経営書としても非常に優れたもの**でした。どうやってこだわりを実現するか、一緒に働くメンバーをどうやって成長させるかなど、普通の飲食店経営にはないような手法が書いてあるんです。
最初は「この店のビールがどれだけおいしいか」(笑)という感じで50冊を何とか売っていければと思っていたのですが、08年7月2日の発売から9月28日までで145冊売れました。当店の売行きが認められて、有隣堂各店で展開。第4刷のカバー帯からは私の推薦コメントも入れていただいています。
新宿駅という激戦区で、個人経営の店として20年以上生き残っている希有なお店・ベルク。**お店と同じように、この本も何十年も棚に残ってほしい**ですね。

新宿駅最後の小さなお店ベルク
——個人店が生き残るには？

井野朋也著／ブルース・インターアクションズ／定価（本体1600円＋税）／2008年

新宿駅東口徒歩15秒、日本一の立地にあり、20年以上生き残るインディーズ・カフェ「ベルク」。そんなベルクの創意工夫に満ちたユニークな経営術が学べるのが本書。チェーン店の飲食店が大勢を占める中、個人店として、時代の変化に乗ってどのように生き残るのかのヒントも満載で、読み物としても楽しめる。

巻末付録②

神田昌典・勝間和代が明かす「年齢別」読書年表

神田昌典・読書年表
CHRONOLOGICAL TABLE

※読者の便宜を考え、タイトルおよび書影は最新版のものを掲載。ただし、神田氏が原書で読んだものについては、原書タイトルで表示しています。

31歳（1995年）
The Ultimate Sales Letter
Dan S.Kennedy著
Adams Media Corp

ダン・ケネディやジョン・ケープルズなどのダイレクトレスポンス・マーケティングの原書を読んだ。日本ではうまくいくのかと手配りチラシで実験。失敗したが、あきらめずに実践を続けた。邦訳『究極のセールスレター』（東洋経済新報社）。

28歳（1992年）
マーフィー 眠りながら成功する（上・下）
ジョセフ・マーフィー著、大島淳一訳
三笠書房→P75

大島淳一は渡部昇一先生のペンネーム。会社をリストラされたときに、引き寄せられるようにして手に取った思い出深い本。ダマされたと思ってやってみたら、そのとおりに成功したので、ビックリ！

26歳（1990年）
Marketing An Introduction
Gary Armstrong + Philip Kotler著
Prentice Hall

ビジネススクール留学中に精読しなくてはならなかったのがこの本。ビジネスをフレームワークで考える癖が自然についたことは、いまの仕事に非常に役立っている。邦訳『コトラーのマーケティング入門』（ピアソン・エデュケーション）。

21歳（1985年）
精神と自然
グレゴリー・ベイトソン著
佐藤良明訳
新思索社

大学生のときに衝撃を受けて、わからなくてもかまわず、何十回も読んだ。いまもって内容は理解していないが、ただ深く物事を考える癖、人間とは何かという視点で物を考える習慣が形成されたと思う。

9歳（1973年）
学研やNHK出版の料理の本

子どもの頃はプラモデルにはまり、料理本を見ながら自分でおやつを作って食べていた。
要は1つひとつのモジュールを組み立ててトータルのシステムを作るのが好きだった。プラモデルと料理が僕のビジネスモデルの原点。

18歳（1982年）
グイン・サーガ シリーズ
栗本薫著
早川書房

思い起こせば子どもの頃は、ほとんど本を読まなかった。そんな私が初めて本にはまったのが、「グイン・サーガ」というヒロイック・ファンタジー。現在もビジネスを物語の視点で考えるのは、この影響かもしれない。

20歳（1984年）
国際法〔第5版〕
松井芳郎＋佐分晴夫＋坂元茂樹＋小畑郁＋松田竹男＋田中則夫＋岡田泉＋薬師寺公夫著
有斐閣

外交官試験を受験するために、半年間、図書館にこもってテキストを丸暗記した、そのうちの1冊。「経済原論」「憲法」など、試験勉強でなければ、本を開くこともなかった。意味不明な勉強も必ず役に立つ。

42歳（2006年）

「武士道」解題
李登輝著
小学館

台湾前総統の李登輝氏にご縁あってお会いした。命を顧みず、信条を貫く姿に心を打たれた。さらに日本に対する愛の深さに感激した。いままで歴史を知らなかったことに恥じ入ると同時に、日本のすばらしさ・誇りを再認識。

40歳（2004年）

起業家福沢諭吉の生涯
玉置紀夫著
有斐閣

歴史的な偉人は思想家と思われているが、現実、その時代にはみんな起業家だった。どんな思想も、その思想を現実化していくためには資金がいる。それを生み出す仕組みがビジネスであるという当たり前のことに気づき出す。

39歳（2003年）

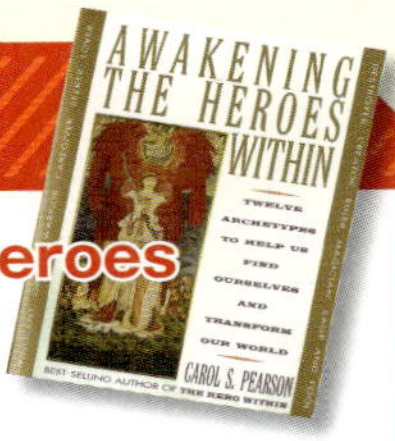

Awakening the Heroes Within
Carol S.Peason著
HarparOne→P78

何度も事故に遭いそうになったとき、この本で命を救われた。私自身に「死の誘惑」があり、自ら事故を引き寄せていたことに気づいた。内省の結果、当時4000社の会員がいた「ダントツ企業実践会」の休会を決断。

38歳（2002年）

神話の法則
クリストファー・ボグラー著
岡田勲監訳、講元美香訳
愛育社→P62

会社が拡大するにつれて、発展する組織の底流には、神話の法則があることがわかってきた。MBAで学んだ、まったく異なる心理的な組織論に興味を抱き始めた。一見、関係なさそうなマネジメントと神話に密接な関係が……。

33歳（1997年）

The Photoreading Whole Mind System
Paul R.Scheele著
Learning Strategies Corp

マインドマップと同じ時期に、フォトリーディングとも出合う。写真のように情報を処理する方法があるなんて信じられなかったが、開発者に出会い、人生が変わった。邦訳『あなたもいままでの10倍速く本が読める』（→P86）。

33歳（1997年）

The Mind Map Book
Tony Buzan+Barry Buzan著
Dutton

米国への出張中、書店で美術書のように美しい本を手に取った。それが「マインドマップ」との出合いだった。マインドマップを描き始めた途端、一瞬にして考える苦労がなくなった。邦訳『ザ・マインドマップ』（→P87）。

34歳（1998年）

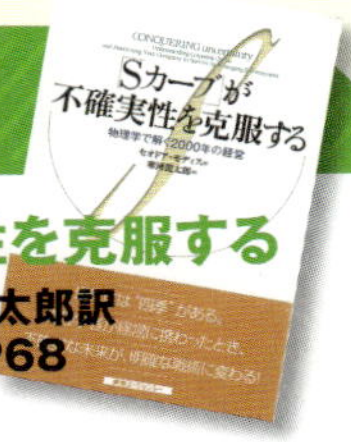

「Sカーブ」が不確実性を克服する
セオドア・モディス著、寒河龍太郎訳
東急エージェンシー出版部→P68

クライアントにアドバイスをするうえで、ロジックだけではどうしようもないことに気づき出した。事業・時代予測が的確にできなければ、変化に対応できない。そこで改めて「Sカーブ理論」を学ぶと、その活用法に目からウロコが落ちた。

35歳（1999年）

頭脳の果て
ウィン・ウェンガー＋リチャード・ポー著、田中孝顕訳
きこ書房→P88

圧倒的な実績をクライアントに提供していくためには、枠を超えた解決策を提供し続けなければならない。その発想法にこの本で出合った！ 以降、私はビジネス書の領域を超え、作詞、ミュージカル、小説執筆と仕事の幅を広げることに。

勝間和代・読書年表
CHRONOLOGICAL TABLE

※読者の便宜を考え、タイトルおよび書影は最新版のものにしています。

28歳（1997年）
7つの習慣
スティーブン・R・コヴィー著、ジェームス・スキナー＋川西茂訳
キングベアー出版→P48

マッキンゼー入社前の何か月か時間があったときの1997年から、ワーキングマザー向けサイト「ムギ畑」を立ち上げる。この頃から『7つの習慣』が座右の書に。

27歳（1996年）
考えるヒント 生きるヒント
ジェームズ・アレン著、坂本貢一訳
ごま書房

現タイトルは『「原因」と「結果」の法則』（サンマーク出版→P47）。
ちょうど人生に迷っている頃で、この本を読みながら、自分の世界を模索していた時期。

26歳（1995年）
自助論
サミュエル・スマイルズ著、竹内均訳
三笠書房→P46

就職して5年も経つと迷いも出てきた。20代後半当時の私には、こうした典型的な自己啓発書が心に響いた。この頃から、海外で名著と言われる翻訳本を積極的に読むようになる。

23歳（1992年）
トヨタ生産方式
大野耐一著
ダイヤモンド社

同僚の会計士に薦められて読み、衝撃を受けた1冊。これをきっかけに自分の知的生産に「カイゼン」の手法を取り入れるようになった。この頃から周囲の人と読んでよかった本の情報を交換するのが習慣となる。

12歳（1981年）
頭の体操
多湖輝著
光文社

幼稚園にある絵本を全部読んでしまい、母親が読み聞かせるような本も自分で読んでいる子どもだった。小学生になると、本は片っ端から目を通した。この本は、繰り返し読んで、問題も解答もすっかり覚えてしまった。

18歳（1987年）
集中力を高めるアルファ脳波術
志賀一雅著
ごま書房

高校生のとき、当時としては斬新だったポジティブシンキングの考え方や、右脳の活用法などを学ぶ。19歳で公認会計士試験に当時史上最年少で合格できたのも、本と併売されていたテープを毎日のように聴き、その手法を訓練した賜物。

21歳（1990年）
マーフィー 眠りながら成功する（上・下）
ジョセフ・マーフィー著、大島淳一訳
三笠書房→P75

慶應義塾大学商学部在学中に、長女を出産。脳波に続いて潜在意識の重要性を再確認した本。否定的な言葉を自分にも相手にも徹底的に言わないようにすると、どのように生き方が変わるのか。早い段階で出合えてよかった。

39歳（2008年）

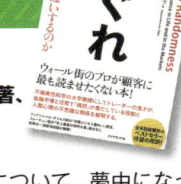

まぐれ
ナシーム・ニコラス・タレブ著、
望月衛訳
ダイヤモンド社→P102

生き残りバイアスと確率論について、夢中になって楽しめるエッセイ集。なぜサブプライム問題が起きたのかも、この本を読むとヒントがつかめる。まぐれ当たりよりもリスク＝変動幅を管理することが大事。

38歳（2007年）

100歳まで元気に生きる！
ジョン・ロビンズ著、高橋則明訳
アスペクト

「知的生産性を上げるには健康が重要であることを再認識させられた本。以後、健康に支えられて、『お金は銀行に預けるな』『効率が10倍アップする新・知的生産術』など、25万部を超えるベストセラーを連発。

37歳（2006年）

誘惑される意志
ジョージ・エインズリー著
山形浩生訳
NTT出版→P55

双曲割引という意思決定法の知識があるだけで、生産性が大きく上がるようになった。「エイボン アワーズ・トゥ・ウィメン2006」において、史上初の30代で「エイボン女性大賞」を受賞。

36歳（2005年）

「経験知」を伝える技術
ドロシー・レナード＋
ウォルター・スワップ著、池村千秋訳
ランダムハウス講談社→P89

なぜ経験知が必要で、技術的な伝承が生きるのか。深い経験はどのような場面で役立ち、イノベーションにつながるのか、スッキリと頭をまとめてくれた。ウォール・ストリート・ジャーナルから「世界の最も注目すべき女性50人」に選ばれる。

32歳（2001年）

史上最強の人生戦略マニュアル
フィリップ・マグロー著、勝間和代訳
きこ書房→P84

耳あたりのよい自己啓発書でなく、現実をしっかり教えてくれる。出合って、学んで、マネして、考えて、本当によかったと思える本。当時は、『ライフストラテジー』（きこ書房）という題名だったが、勝間和代訳で復刊。

32歳（2001年）

イノベーションのジレンマ
クレイトン・クリステンセン著、
玉田俊平太監修、伊豆原弓訳
翔泳社→P54

初めて英語のオーディオブックを購入。
この本をきっかけに、様々な本のオーディオブックを聞くようになった。

33歳（2002年）

非常識な成功法則
神田昌典著
フォレスト出版→P82

神田さんは最も影響力を受けた著者の1人。神田さんの影響でフォトリーディングもマインドマップも始めた。テープも片っ端から手に入れて夢中になって聞いた。

35歳（2004年）

あなたもいままでの10倍速く本が読める
ポール・R・シーリィ著、
神田昌典監訳
フォレスト出版→P86

フォトリーディングの講座を初めて受講。これにより、読む本の量が圧倒的に多くなり、30代後半からは1か月50～100冊の本を読むようになった。

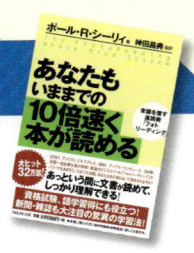

(bookshelf contents — titles visible on spines)

Top left shelf:
- SUCCESS MASTERY WITH NLP — FROM NLP COMPREHENSIVE
- THE 22 IMMUTABLE LAWS OF MARKETING
- Management Challenges for the 21st Century
- Best Foot Forward

Top right shelf:
- ...STREET (Arthur Levitt)
- THE BOOK OF INVESTING
- THE SUCCESSFUL INVESTOR — William J. O'Neil
- ROSABETH MOSS KANTER
- Spencer Johnson, M.D.
- Benjamin Graham
- ...for the LONG RUN — Jeremy J. Siegel
- REMY (?)

Second shelf (left):
- 図解 よくわかるデータマイニング — 石井一夫
- 統計的方法のしくみ — 永田靖
- 入門 統計学
- 時系列解析入門 — 北川源四郎
- はじめての S-PLUS/R 言語プログラミング
- 入門 時系列解析と予測
- 統計学を拓いた異才たち
- 確率的発想法
- BARRON'S Dictionary of Accounting Terms — 英文会計用語辞典 — Joel G. Siegel, Jae K. Shim

Second shelf (right):
- ミクロ経済学 第2版 Microeconomics — 伊藤元重
- 市場のアノマリーと行動ファイナンス — 城下賢吾
- 最新 行動ファイナンス入門
- 行動ファイナンス
- 証券市場の新しい考え方
- 実験経済学入門 — 川越敏司
- 投資の行動心理学
- 市場と感情の経済学 THE WINNER'S CURSE

Third shelf (left):
- 人生に奇跡を起こすノート術
- 超高速勉強法
- USE BOTH SIDES OF YOUR BRAIN — Tony Buzan
- これから論文を書く若者のために
- ロードバイクが1からわかる本
- 心理パラドクス
- 使える！自転車で痩せる本
- そろそろ本気で継続力をモノにする！
- 忘れてしまった高校の確率統計を復習する本
- 金鉱を掘り当てる統計学
- BARRON'S Dictionary of Accounting Terms

Third shelf (right):
- ライフサイクルイノベーション
- 投機バブル 根拠なき熱狂 IRRATIONAL EXUBERANCE — ROBERT J. SHILLER
- 図解でわかる行動ファイナンス
- バブルの歴史 — エドワード・チャンセラー
- ランダムウォーク&行動ファイナンス理論のすべて
- ストックマーケット・テクニック
- 景気予測から始める株式投資入門
- 先物市場のテクニカル分析 スタディガイド
- 敗者のゲーム
- 生き残りのディーリング — 矢口新

Bottom shelf (left):
- あなたのチームは…エモーショナル・バリュー
- 日本の人口は減らない
- 心脳マーケティング
- マーケティング・インターフェース
- BEST SOLUTION マーケティング・ゲーム
- 売れるもマーケ 当たるもマーケ これからの10年
- 「マネ」するマーケティング 団塊シェア1400万人がコア市場になる！
- マーケティングの神話
- マーケティング22の法則
- ホイラーの法則
- 「嘘」を語れ

Bottom shelf (right):
- 日本の統計 2004
- 世界の統計 2004
- 続・変わりゆく日本人 NRI
- 使える弁証法
- なぜ投資のプロはサルに負けるのか？
- 東大卒医師が教える科学的株投資術
- NEUROSIM ニューラルネットワーク入門
- 金融論の楽々問題演習
- 平成19年対策 証券アナリスト 2次対策
- 売られ続ける日本、買い漁るアメリカ
- 基礎からの 401kプラン コーポレート・ファイナンス

巻末付録③

神田昌典・勝間和代の厳選オーディオブック37 ＋DVD3選

お薦めポイント	ジャンル	お薦め指数
ウィン・ウェンガー博士のメソッドは、自らに眠っている天才性を目覚めさせる。イメージを使って、枠を超える解決策を生んでいく様々な方法を解説。難解だったオリジナル書籍が音声によって、理解が大幅に進む。	自己啓発	★★★★★
4つの質問で、どんなに深い悩みでも解決できてしまう方法論に圧巻。怒り・悲しみといった感情の裏に潜む真実を見つめた途端、目の前に見えている光景がまったく変わってしまう。私が「人類の宝」と思っている著者が肉声で収録している。	自己啓発	★★★★★
路上にたたずむ浮浪者を数か月以内に富裕層に変えてきた著者が、スピード感と臨場感あふれる見事な肉声で、ビジネスの真髄を明らかにしていく。	自己啓発	★★★★★
オーディオブックの古典。日本でも著名なブライアン・トレーシーのノウハウは、少し前まで数十万円もするほど価値のあるもの。仕事を進めていく基礎体力が養われる。何回も何十回も聞くたびに、新しい発見があるだろう。	自己啓発	★★★★★
能力開発で知られるシルバメソッドを解説。夢を実現する方法を、普段語られることのないレベルまで探究。たとえば、夢を実現するのに最適な時間帯はあるのか？ その時間帯を知るために必要な方法は？ にわかには信じられないが、聞けば納得の方法論。	自己啓発	★★★★
マインドマップ発明者のトニー・ブザンの明晰かつ色彩豊かな英語は、英語学習者にとって最高のモデリング対象だ。	自己啓発	★★★★
『パワーか、フォースか』（三五館）で著名なホーキンズ博士が収録。筋反射テストで、どんな質問に対してもYESかNOかという真実の答えがわかってしまう。「戦争の反対語は真実である」と主張する博士の本だけでは読み取れない深い哲学・思想が明らかにされる。	自己啓発	★★★★
ヒラリー・クリントン自身が朗読する音声CD。声優かと思えるほど見事なヒラリーの語りで、クリントン元大統領の裏側が垣間見れる。特にクリントンがヒラリーにどう声をかけデートに誘ったか、モニカ・ルインスキーとのスキャンダルをどのように乗り越えたかなど、ウソのないエピソードの連続で、元大統領の素顔が明かされる。	自己啓発	★★★
言葉の選択が売上を急増させる！ MBAでは学ぶことのない実践マーケティングの真実。ネット時代だからこそ、知らなければならないダイレクトレスポンス・マーケティング分野で伝説のテッド・ニコラスの貴重な音声CD。マーケティング担当者ならぜひ聞いておきたい。	マーケティング	★★★★
ご存じ『バイラルマーケティング』（翔泳社）のセス・ゴーディンのオーディオCD。マーケティングノウハウのみならず、彼がビジネスを見る視点を学ぶことが重要。彼のパッションが言語を問わず伝わってくる。	マーケティング	★★★
なぜ、ほとんどの新規事業が失敗するのか？ それは起業が「起業家」によってなされるのではなく、「職人」によって始められるからである。必ず陥るパターンとその乗り越え方を詳細に解説。米国で圧倒的な支持を得ている新規事業成功法。	経営	★★★★
「経済変動は、天気予報と同様に予測可能であり、人口動態で景気から戦争までが予測できる」と主張する米国の経済学者による音声教材。短期的な株価変動に振り回されない、長期的なビジネス・人生設計の軸が持てるようになる。	経済・金融	★★★★

お薦めポイント	パッケージ	お薦め指数
DISC1の「第二章：手段」に収録されている、島田紳助の特別授業・芸人論が白眉。漫才の裏に隠される、極めて精緻な分析力・計画力にビジネスパーソンも多いに学べる。		★★★★★
映画でアルツハイマー型痴呆症を初めて世に問うた松井久子監督の作品。ビジネスパーソンは本篇のみならず、特にメイキングを観るべき。100万人を超える観客を動員するまでの過程は、まさにこの時代における最高のケーススタディだ。		★★★★
数ある映画の中で、これからのビジネスパーソンの生き方を感じられるという意味で、再度観てほしい。ビジネスを通じて、社会貢献を等身大の人間が行うには、どうすればいいのか？ その答えを身体で感じるだろう。		★★★★

●神田昌典のオーディオブック12選

	著者	タイトル
1	Win Wenger, Ph.D., and Richard Poe	『The Einstein Factor : Take advantage of the same creative methods used by geniuses such as Einstein, Tesla, and Leonardo da Vinci. [Abridged]』（Nightingale conat、邦訳『頭脳の果て』→P88）
		http://www.nightingaleconant.co.uk/prod_detail.aspx?product=Einstein_Factor&dloc=2
2	Byron Katie	『Your Inner Awakening : Four Questions That Will Transform Your Life』（Nightingale conant、邦訳なし）
		http://www.nightingaleconant.co.uk/prod_detail.aspx?product=Your_Inner_Awakening&dloc=2
3	Robert G. Allen	『Multiple Streams of Income : Secure A Lifetime of Unlimited Wealth』（Nightingale conant、邦訳『ロバート・アレンの実践！億万長者入門』）
		http://www.nightingaleconant.co.uk/prod_detail.aspx?product=Multiple_Streams_Income&dloc=2
4	Brian Tracy	『The Psychology of Achievement : Grow with this classic program!』（Nightingale conant、邦訳なし）
		http://www.nightingaleconant.co.uk/prod_detail.aspx?product=Psychology_Achievement&dloc=2
5	Wickett, Bernd, Romero and Lytle	『The Silva Ultramind ESP System : Unleash the telepathic powers you were born with!』（Nightingale conant、邦訳なし）
		http://www.nightingaleconant.co.uk/prod_detail.aspx?product=Jose_Silva_Ultramind_ESP&dloc=2
6	Tony Buzan	『The Genius Formula』（Nightingale conant、邦訳なし）
		http://www.nightingaleconant.co.uk/prod_detail.aspx?product=Genius_Formula&dloc=2
7	Dr. David Hawkins	『Truth vs. Falsehood : The Art of Spiritual Discernment』（Nightingale conant、邦訳なし）
		http://www.nightingaleconant.co.uk/prod_detail.aspx?product=Truth_Falsehood&dloc=2
8	Hillary Rodham Clinton	『Living History[Abridged]』（Simon & Schuster Audio、邦訳『リビング・ヒストリー（上・下）』）
		http://www.amazon.co.jp/Living-History-Hillary-Rodham-Clinton/dp/0755312619/ref=sr_1_1?ie=UTF8&s=english-books&qid=1222309328&sr=1-1
9	Ted Nicholas	『Magic Words that Grow Your Business : Words, Not Numbers Are The True Currency Of Business』（Nightingale conant、邦訳なし）
		http://www.nightingaleconant.co.uk/prod_detail.aspx?product=Magic_Words_Grow_Business&dloc=2
10	Seth Godin	『Making Money on the Web : Net Profit: How to start a highly lucrative Internet company from scratch with almost no money down』（Nightingale conant、邦訳なし）
		http://www.nightingaleconant.co.uk/prod_detail.aspx?product=Making_Money_Web&dloc=2
11	Michael E. Gerber	『The E-Myth Manager Seminar : Don't just manage ... lead the way.』（Nightingale conant、邦訳なし）
		http://www.nightingaleconant.co.uk/prod_detail.aspx?product=E-Myth_Manager_Seminar&dloc=2
12	Harry S. Dent, Jr.	『The Next Great Bubble Boom[Abridged]』（Simon & Schuster Sound Ideas、邦訳『バブル再来』）
		http://www.amazon.co.jp/Next-Great-Bubble-Boom/dp/0743527410/ref=sr_1_2?ie=UTF8&s=english-books&qid=1222309371&sr=1-2

●神田昌典のDVD3選

	出演・監督	タイトル
1	島田紳助＋松本竜介ほか出演	『紳竜の研究』（発売元：R and C Ltd.）
2	松井久子監督	『折り梅』（発売元：ポニーキャニオン）
3	スティーブン・スピルバーグ監督	『シンドラーのリスト スペシャルエディション』（発売元：ユニバーサル・ピクチャーズ・ジャパン）

	お薦めポイント	ジャンル	お薦め指数
	ジェームズ・アレンの美しい言葉が朗読される。比喩表現とそこに使われる英語がとてもきれいなので、英語のまま、音声のまま、聞くことでとても映える作品。どんなに繰り返し聞いても飽きない。	自己啓発	★★★★★
	勝間和代訳『史上最強の人生戦略マニュアル』の原書であり、著者のフィリップ・マグロー本人が朗読している。各法則の間に入っているエピソードがビビッドに音声で聞ける。エピローグのタクシー運転手アンディの話は特にいい。	自己啓発	★★★★
	一流アスリートを指導してきたトレーニングの専門家である著者が、メンタルタフネスをキーワードに、身体・情動・頭脳・精神の4つのバランスの取り方、エネルギーの使い方をビジネスパーソンに教える。	自己啓発	★★★★
	シンクロニシティ（意味ある偶然）の考え方を深めたもの。知性を重視しつつも、目標に向かって起こりうる様々な出来事をどのように解釈し、到達していくのか、丁寧に解説する。	自己啓発	★★★
	私たちはみんな、相手からの気持ちで満たされる心のバケツがあり、そのバケツが満たされていないと、正しい行動も取れないし、人に対してもやさしく振る舞うことができない。自分のバケツを満たしながら相手のバケツをどう満たすのか、仕事と家庭の両方への指針を示す。	自己啓発	★★★★
	セス・ゴーディンがトム・ピーターズ、ダニエル・ピンクなど、33人のベストセラー作家やビジネスリーダーと集まり、将来に向けての知恵を授けるエッセイを結集。印税はすべて Room to Read などに寄附される。これにより私自身、Chabo! の設立を触発された。	自己啓発	★★★
	競争が激しいレッド・オーシャンを避けてブルー・オーシャンに行く方法について、ケースを使いながらまとめる。ケーススタディなので、音声で細切れに聞いても頭に入りやすく、より鮮明にイメージできる。	経営	★★★★
	エンロンがなぜ復活し、暴走し、そして潰れていったのか。複数の立場の証言を集めながら、ドラマ仕立てで再現する。「事実は小説よりも奇なり」を実感できる。	経営	★★★★
	IBMを立て直すために招かれたルイス・ガースナーがどうやって巨象を建て直したのか、本人が細かく語る。ムダなマーケティングコストを引き下げるための会議室の様子など、目に浮かぶような表現がたくさんある。	経営	★★★★
	様々なビジネスモデルの儲け方をレクチャー。じっくり時間をおいて考えながら、リスナーである私たちが直接教わっている気分で演習も交えつつ聞いてほしい。	経営	★★★
	ミーティングをどのように活用するのか、ミーティングが通常多すぎて問題だという視点から、少なすぎて問題だという視点に変え、日次・週次・月次・オフサイトミーティングなど、メリハリのあるコミュニケーションを劇仕立てで伝える。	経営・マーケティング	★★★★
	何度聞き直してもいい、『The Tipping Point』の朗読。著者のマルコム・グラッドウェル自身が慣れない様子で読んでいるのがいい。ハッシュパピーやセサミストリートの話など、エピソードがわかりやすく、頭に入る。	マーケティング	★★★★★
	『The Tipping Point』に触発されて書いた本。『The Tipping Point』の2つ目の条件である「Made to Stick」を実際に起こすには、SUCCESs (Simple, Unexpected, Concrete, Credible, Emotional, Stories) が必要、と説明している。	マーケティング	★★★★

●勝間和代のオーディオブック25選

	著者	タイトル	
1	James Allen	『As a Man Thinketh[Unabridged]』(Core Media Productions、邦訳『「原因」と「結果」の法則』→P47)	
	http://www.audible.com/adbl/site/products/ProductDetail.jsp?productID=BK_BILL_000009&BV_SessionID=@@@@1511354143.1222227726@@@@&BV_EngineID=cccjadeffehdfgjcefecekjdffidflm.0		
2	Phillip C. McGraw	『Life Strategies : Doing What Works, Doing What Matters[Abridged]』(Simon & Schuster Audio、邦訳『史上最強の人生戦略マニュアル』→P84)	
	http://www.audible.com/adbl/site/products/ProductDetail.jsp?productID=BK_SANS_000035&BV_SessionID=@@@@1262976594.1222427798@@@@&BV_EngineID=cccjadeffgmhdeecefecekjdffidfhh.0		
3	Jim Loehr and Tony Schwartz	『The Power of Full Engagement : Managing Energy, Not Time, Is the Key to Performance and Personal Renewal』(Simon & Schuster Audio、邦訳『成功と幸せのための4つのエネルギー管理術』)	
	http://www.audible.com/adbl/site/products/ProductDetail.jsp?productID=BK_SANS_000412&BV_SessionID=@@@@1511354143.1222227726@@@@&BV_EngineID=cccjadeffehdfgjcefecekjdffidflm.0		
4	Deepak Chopra	『The Spontaneous Fulfillment of Desire : Harnessing the Infinite Power of Coincidence[Unabridged]』(Random House AudioBooks、邦訳『迷ったときは運命を信じなさい』)	
	http://www.audible.com/adbl/site/products/ProductDetail.jsp?productID=BK_RAND_000344&BV_SessionID=@@@@1511354143.1222227726@@@@&BV_EngineID=cccjadeffehdfgjcefecekjdffidfl		
5	Tom Rath	『How Full Is Your Bucket? (Live)』(Better Life Media, Inc.、邦訳なし)	
	http://www.audible.com/adbl/site/products/ProductDetail.jsp?productID=SP_BLIF_000028&BV_SessionID=@@@@1511354143.1222227726@@@@&BV_EngineID=cccjadeffehdfgjcefecekjdffidflm.0		
6	Seth Godin and The Group of 33	『The Big Moo : Stop Trying to Be Perfect and Start Being Remarkable[Unabridged]』(Audible, Inc.、邦訳『33人の否常識』)	
	http://www.audible.com/adbl/site/products/ProductDetail.jsp?BV_SessionID=@@@@1247554171.1222224463@@@@&BV_EngineID=ccceadeffelddkkcefecekjdffidfmf.0&productID=BK_ADBL_000031		
7	W. Chan Kim and Renee Mauborgne	『Blue Ocean Strategy : How to Create Uncontested Market Space and Make Competition Irrelevant[Unabridged]』(Gildan Media Corp、邦訳『ブルー・オーシャン戦略』→P53)	
	http://www.audible.com/adbl/site/products/ProductDetail.jsp?BV_SessionID=@@@@0170028891.1222227326@@@@&BV_EngineID=ccchadefffemhhgcefecekjdffidfmf.0&productID=BK_GDAN_000029		
8	Kurt Eichenwald	『Conspiracy of Fools : A True Story [Unabridged]』(Books on Tape、邦訳なし)	
	http://www.audible.com/adbl/site/products/ProductDetail.jsp?productID=BK_BKOT_000577&recom=yes&loomia_si=1&BV_SessionID=@@@@0339363821.1222234172@@@@&BV_EngineID=cccadeffflhjecefecekjdffidfgi.0		
9	Louis V. Gerstner, Jr.	『Who Says Elephants Can't Dance? : Inside IBM's Historic Turnaround[Unabridged]』(Harper Audio、邦訳『巨象も踊る』)	
	http://www.audible.com/adbl/site/products/ProductDetail.jsp?productID=BK_HARP_000829&BV_SessionID=@@@@0081305209.1222227430@@@@&BV_EngineID=cccadeffeklfhjcefecekjdffidfij.0		
10	Adrian Slywotzky	『The Art of Profitability[Unabridged]』(Hachette Audio、邦訳『ザ・プロフィット』→P93)	
	http://www.audible.com/adbl/site/products/ProductDetail.jsp?productID=BK_TIME_000290&BV_SessionID=@@@@1511354143.1222227726@@@@&BV_EngineID=cccjadeffehdfgjcefecekjdffidflm.0		
11	Patrick Lencioni	『Death by Meeting : A Leadership Fable about Solving the Most Painful Problem in Business』(Macmillan Audio、邦訳『もしもハリウッド監督が会議を仕切ったら?』)	
	http://www.audible.com/adbl/site/products/ProductDetail.jsp?productID=BK_AREN_000363&BV_SessionID=@@@@0081305209.1222227430@@@@&BV_EngineID=cccadeffeklfhjcefecekjdffidfij.0		
12	Malcolm Gladwell	『The Tipping Point : How Little Things Can Make a Big Difference [Unabridged]』(Hachette Audio、邦訳『急に売れ始めるにはワケがある』→P49)	
	http://www.audible.com/adbl/site/products/ProductDetail.jsp?productID=BK_HACH_000023&BV_SessionID=@@@@0441897663.1222426197@@@@&BV_EngineID=ccciadeffhdefmlcefecekjdffidfgi.0		
13	Chip Heath and Dan Heath	『Made to Stick[Unabridged]』(Random House Audio、邦訳『アイデアのちから』)	
	http://www.audible.com/adbl/site/products/ProductDetail.jsp?BV_SessionID=@@@@1968167705.1222225724@@@@&BV_EngineID=cccfadeffeekdfgcefecekjdffidfjf.0&productID=BK_RAND_000995		

お薦めポイント	ジャンル	お薦め指数
世の中でまだメインストリームにはなっていないけれども、小さな変化を多数、鋭く捉える。個人的に興味深かったのが、ストレート（異性愛者）の女性は実は結婚相手が少ないという話や、子どもの教育のため1年遅らせて幼稚園に入れる話など。日本語版では削除されたトレンドもすべて収録。	マーケティング	★★★
新婚の妻を連れて、国境をすべて車で越える世界1周の旅に出たジム・ロジャーズ。文字どおり、地に足のついた世界大冒険の旅に知的好奇心をそそられる。日本についての記述もかなりあり、しかもシビアに評価している点も興味深い。	金融	★★★★★
本だとさらっと読めてしまう『金持ち父さん貧乏父さん』も、それぞれキャラクターごとに朗読者が変わるオーディオブックだと、まるで良質な劇を聞いているかのように、様々なエピソードがスッと耳に入り、情景が浮かびやすくなる。	金融	★★★★★
いかに私たちが、ランダムな数字や生き残りバイアスに惑わされてしまうかということを丁寧に説明する。訳書の『まぐれ』もすばらしいが、細かい著者の言い回しが英語でよりよくわかる。	金融	★★★★
なぜ、ニューエコノミーやグローバリゼーションが進み、生産性が上がり利便性が高まるほど、労働者の生活が圧迫されるのか。1つひとつわかりやすく現象を解き明かす。聞いているだけで頭が整理される。	経済	★★★★
『The Future of Success』の続編。中国の台頭を始め、「民主主義でない資本主義」の問題点や課題を示し、資本主義の誕生から現在のような資本主義になるまで、そして未来をどう考えるべきか、資本主義の問題点を全体像から捉え直す。	経済	★★★★
米国式のグローバリゼーションを理解するために聞いておきたい作品。もちろん、著者が言っている「強者はますます富み、弱者はますます弱者になる未来」が真実かどうかはわからないが、そのまま日本が飲み込まれないよう、シナリオとして描いておくべき。	経済	★★★
これぞオーディオブックの醍醐味、という内容。それぞれの登場人物が違う音声で語り、劇を聞くような形でTOC（制約条件の理論）が覚えられる。分厚い原書や訳書を読むよりも、かえって楽かもしれない。	歴史	★★★★★
富はどのような歴史的経緯を経て生じたのか。人間が余分な富を持ったのは実はここ最近であり、そのきっかけが私有財産を認めることや、運送や通信が発達したことなど、いつ聞いても示唆深い話ばかり。	歴史	★★★★
金、という不変の価値、そして欲望の象徴がどのように生まれ、私たちの生活や歴史に影響を及ぼしてきたのか、長期にわたる流れを考察する。	歴史	★★★
ここで提唱されている「多様で独立しており、中央集権でなく、かつ意見がまとまる仕組みがあるような『みんなの意見』は、1人の意見よりも正しい」とする考え方は、ウィキペディアや株式市場の仕組みの基礎の思想であり、ぜひとも理解しておきたい。	ポピュラー・サイエンス	★★★★★
無意識に口にしてしまう私たちの食生活。チョコレートから観戦中のチキンボーンやキャンベルのスープまで、大真面目に様々な実験を学者が行い、その成果を披露する。	ポピュラー・サイエンス	★★★★

●勝間和代のオーディオブック25選

	著者	タイトル	
14	Mark J. Penn with E. Kinney Zalesne	『Microtrends：The Small Forces Behind Tomorrow's Big Changes[Unabridged]』(Hachette Audio、邦訳『マイクロトレンド』)	
	http://www.audible.com/adbl/site/products/ProductDetail.jsp?BV_SessionID=@@@@0824736438.1222224709@@@@&BV_EngineID=ccciadefffdidfdcefecekjdffidfji.0&productID=BK_HACH_000070		
15	Jim Rogers	『Adventure Capitalist：the ultimate investeor's road trip [Unabridged]』(Books on tape、邦訳『冒険投資家ジム・ロジャーズ世界大発見』)	
	http://www.audible.com/adbl/site/products/ProductDetail.jsp?BV_SessionID=@@@@1302487108.1222224785@@@@&BV_EngineID=cccgadefffdljkmcefecekjdffidfrj.0&productID=BK_BKOT_000249		
16	Robert T. Kiyosaki and Sharon L. Lechter,C.P.A	『Rich Dad, Poor Dad：What the Rich Teach Their Kids About Money-That the Poor and Middle Class Do Not！[Abridged]』(Hachette Audio、邦訳『金持ち父さん貧乏父さん』)	
	http://www.audible.com/adbl/site/products/ProductDetail.jsp?productID=BK_TIME_000179&BV_SessionID=@@@@1511354143.1222227726@@@@&BV_EngineID=cccjadeffehdfgjcefecekjdffidflm.0		
17	Nassim Nicholas Taleb	『Fooled by Randomness：The Hidden Role of Chance in Life and in the Markets[Unabridged]』(Gildan Media Corp、邦訳『まぐれ』→P102)	
	http://www.audible.com/adbl/site/products/ProductDetail.jsp?BV_SessionID=@@@@0245480601.1222224606@@@@&BV_EngineID=cccfadeffeghmhdcefecekjdffidfig.0&productID=BK_GDAN_000125		
18	Robert B. Reich	『The Future of Success[Abridged]』(Random House AudioBooks、邦訳『勝者の代償』→P99)	
	http://www.audible.com/adbl/site/products/ProductDetail.jsp?productID=BK_RAND_000113&BV_SessionID=@@@@1511354143.1222227726@@@@&BV_EngineID=cccjadeffehdfgjcefecekjdffidflm.0		
19	Robert B. Reich	『Supercapitalism：The Transformation of Business, Democracy, and Everyday Life[Unabridged]』(Tantor Media、邦訳『暴走する資本主義』→P99)	
	http://www.audible.com/adbl/site/products/ProductDetail.jsp?productID=BK_TANT_000488&BV_SessionID=@@@@1511354143.1222227726@@@@&BV_EngineID=cccjadeffehdfgjcefecekjdffidflm.0		
20	Thomas L. Friedman	『The Lexus and the Olive Tree：Understanding Globalization[Abridged]』(Simon & Schuster Audio、邦訳『レクサスとオリーブの木（上・下）』)	
	http://www.audible.com/adbl/site/products/ProductDetail.jsp?productID=BK_SANS_000036&BV_SessionID=@@@@1707669605.1222234289@@@@&BV_EngineID=ccccadeffeifmegcefecekjdffidffj.0		
21	Eliyahu M. Goldratt and Jeff Cox	『The Goal：A Process of Ongoing Improvement: Revised Third Edition[Unabridged]』(HighBridge Audio、邦訳『ザ・ゴール』→P93)	
	http://www.audible.com/adbl/site/products/ProductDetail.jsp?productID=BK_HIGH_000306&BV_SessionID=@@@@1511354143.1222227726@@@@&BV_EngineID=cccjadeffehdfgjcefecekjdffidflm.0		
22	William Bernstein	『The Birth of Plenty：How the Prosperity of the Modern World Was Created[Abridged]』(McGraw Hill Digital、邦訳『「豊かさ」の誕生』)	
	http://www.audible.com/adbl/site/products/ProductDetail.jsp?BV_SessionID=@@@@0547497346.1222225379@@@@&BV_EngineID=ccccadeffeklfhjcefecekjdffidfij.0&productID=BK_GRAW_000032		
23	Peter L. Bernstein	『The Power of Gold：The History of an Obsession[Abridged]』(Random House AudioBooks、邦訳『ゴールド』)	
	http://www.audible.com/adbl/site/products/ProductDetail.jsp?BV_SessionID=@@@@1511354143.1222227726@@@@&BV_EngineID=cccjadeffehdfgjcefecekjdffidflm.0&productID=BK_RAND_000088		
24	James Surowiecki	『The Wisdom of Crowds：Why the Many Are Smarter than the Few[Abridged]』(Random House AudioBooks、邦訳『「みんなの意見」は案外正しい』→P101)	
	http://www.audible.com/adbl/site/products/ProductDetail.jsp?productID=BK_RAND_000427&BV_SessionID=@@@@1511354143.1222227726@@@@&BV_EngineID=cccjadeffehdfgjcefecekjdffidflm.0		
25	Brian Wansink, Ph.D.	『Mindless Eating: Why We Eat More Than We Think[Unabridged]』(Books on Tape、邦訳『そのひとクチがブタのもと』)	
	http://www.audible.com/adbl/site/products/ProductDetail.jsp?BV_SessionID=@@@@0435087251.1222224832@@@@&BV_EngineID=ccccadefffdgfgicefecekjdffidfhn.0&productID=BK_BKOT_000790		

おわりに——勝間和代

「10年後まで残るビジネス書を紹介したい！」

この素敵な企画に、神田昌典さんとご一緒できたうえ、読者のみなさんと本を通じて会話ができるのは、とても感激です。

ここで私が挙げてきた50冊、ならびに神田さんの本や神田さんご自身からの学びは、もうすぐ40歳になろうとしている私の知的な栄養であり、財産であり、そして考え方を形作ってきたものです。

本を紹介するのは、自分たちのヒストリーを紹介するようなもので、実はとても気恥ずかしいものです。しかし、この本には、それでもぜひみなさんと共有したいという本を並べました。なぜなら、素敵な本、すばらしい本は1人でも多くの人に読んでもらってこそ、著者の心意気が報われると考えるからです。

きっと、この本を買ってから10年後の本棚を見たときに、あれっと思うくらい、この本にある本が知らず知らずに増えていくかもしれません。あるいは、本棚にこの本にある本と、みなさんが独自に選んだ本が混ざり合って、素敵な本棚になっているでしょう。

また、本の醍醐味は複数のクリエーターたちの知恵のハーモニーです。そのハーモニーの輪に読者のみなさんが加わり、クチコミやブログやアマゾン、ミクシィなどのレビューでみなさんのこの本に対する意見を得ることができることは、著者の1人として大変幸せなことだと思います。

本のクリエーター側として、この本の企画をまとめて、様々な手配を取り仕切ってくださったダイヤモンド社の寺田庸二さん（『効率が10倍アップする新・知的生産術』からのおつき合いです）と、巻頭インタビューや神田さんとの対談内容などを丁寧にまとめてくださった大門

龍さん、そして本のデザイン一式をお願いしたデジカルの萩原弦一郎さん、カメラマンの住友一俊さん、そして「思い入れのある1冊」を選んでくださった全国のカリスマ書店員のみなさん、ご尽力いただき、ありがとうございました。ここにお名前を挙げさせていただいた方以外でも、本の製作・流通に関わった様々な方がいます。すべてのみなさんに厚くお礼を申し上げたいと思います。

そして、この本を読んでくださったみなさんが、1冊でも多くこの本から「座右の書」を見つけて、私たちの本と私たち著者を「踏み台」（神田さんとのインタビューより引用）にして、ビジネスや私生活で新しい学びを提供し、ご自身の成長のため、社会貢献のため、活用いただければ幸いです。

なお、この本は印税寄附プログラムChabo!（http://www.jen-npo.org/chabo/）に参加しており、神田さんと私の受け取る印税の20％が特定非営利活動法人JENを通じて、世界中の難民・被災民の教育支援、自立支援に使われます。

私たちも新しい挑戦をこれからも続けていきます。

そして、みなさんの成長を同時に促進できるよう応援し、見守っていきたいと思います。

それでは、これからも神田さんや私の著作やブログ、メルマガで継続的にお会いしましょう。

2008年10月

勝間　和代